LE CARNET DE Théo

Éléonore Cannone
Illustrations de Sinath

Le carnet de Théo

Dans ma bulle

RAGEOT

Pour Taka-san.

Couverture et illustrations intérieures
de Sinath.

ISBN 978-2-7002-3754-2

PERSONAL

DO NOT READ DO NOT READ DO NOT READ DO NO

Les jours de la semaine

Dimanche : *jour du Soleil* ☉

Lundi : *jour de la Lune* ☽

Mardi : *jour de Mars* ♂

Mercredi : *jour de Mercure* ☿

Jeudi : *jour de Jupiter* ♃

Vendredi : *jour de Vénus* ♀

Samedi : *jour de Saturne* ♄

Infra-Red, Placebo

8 octobre
NOTE D'INTENTION

J'ai décidé de commencer par une note d'intention à l'instar de celles dont mon Grand Avocat International (avec des majuscules s'il vous plaît) de père abreuve ses collaborateurs (tout le temps) et sa famille (à l'occase). J'aurais plutôt dû écrire « Note à mon intention » parce qu'il est hors de question que ce carnet devienne de notoriété publique.

Eh, toi qui le lis peut-être en ce moment si tu n'es pas moi, je vais te confier deux secrets :

1- Tu es sacrément balèze en informatique car tu as réussi à craquer mon mot de passe (qui est, comme tu le sais, constitué de six chiffres et quatre lettres choisis au hasard et non de ma date de naissance), à trouver le bon dossier, puis le bon fichier et, malgré des avertissements répétés (les fameux « Do not read »), tu as décidé de te plonger dans sa lecture. Bravo pour ces exploits et ta témérité !

2- Réjouis-toi, profite de l'instant présent car le compte à rebours est enclenché et il te reste très peu de temps à vivre ! *I'm coming up on infra-red, there is no running that can hide you cause I can see in the dark. I'm coming up on infra-red, forget your running, I will find you.*

Pourquoi écrire alors ? susurre une sale petite voix dans ma tête. *Pas de carnet, pas de risques !*

Parce que quelqu'un m'a suggéré que cela me ferait peut-être du bien, je rétorque.

Tu prends en compte les conseils des autres maintenant ? poursuit la voix.

Rarement, je te l'accorde, mais ce quelqu'un est parvenu à me convaincre de tenter le coup.

On peut savoir qui est ce mystérieux « quelqu'un » ?

Chaque chose en son temps !

Le sale démon se marre et poursuit d'un ton goguenard : *Ce n'est pas toi qui avais craché-juré de ne jamais écrire de journal ? Je croyais que c'était un truc de filles à deux balles ?*

Ouais, je confirme. Sauf que ce dernier n'a rien à voir avec un journal intime version kawaï*[1]. On est loin du calepin rose bonbon avec paillettes et cadenas scintillant. C'est un carnet d'impressions, un carnet de réflexions. En plus, je compte scanner mes meilleurs dessins et les y insérer. Un genre de tableau de bord, quoi !

La voix s'évanouit non sans m'avoir d'abord balancé :

Si tu le dis !

Oui, bon, je reconnais qu'il y a de quoi être surpris. J'ai une aversion sans nom pour les trucs de nanas en général et pour l'étalage des sentiments en particulier. Rien ne me prédestinait donc à ouvrir Word aujourd'hui et à commencer à raconter ma vie en polices diverses et variées.

Pour comprendre ce besoin soudain de m'épancher, il faut revenir plusieurs semaines en arrière.

Tout a débuté le jour de la rentrée.

Après, les galères se sont enchaînées.

1. Théo ayant fait de nombreuses références à des mangas*, des expressions japonaises, des jeux vidéo..., un dictionnaire de ces termes, repérés par un astérisque lors de leur première utilisation, est disponible à la fin de ce roman.

Et mon DA (Degré d'Agacement) a atteint des sommets.
Jusqu'aux coups.
De gueule d'abord, de poing quelques minutes après.
Et leurs inévitables conséquences...

Echoes, The Rapture

Début septembre
REWIND

5 SEPTEMBRE

Retour à la case départ

DA : 

À peine avais-je eu le temps de profiter des vacances pour me remettre de l'année scolaire écoulée que je me retrouvais à la même place (en classe) à attendre la même chose (que la journée s'achève).

Quelques changements notables toutefois par rapport à l'année dernière :

– J'étais maintenant en troisième. Plus qu'un an à tenir et je quitterais enfin Sainte-Croix. J'y survivais depuis la maternelle. Depuis onze ans, une semaine, deux jours* et trois heures, je perdais mes journées dix mois par an dans ce temple éducatif à la gloire de Dieu. Coup de bol, ils ne faisaient pas lycée et je ne pouvais pas m'empêcher de rêver d'un truc dingue : achever ma scolarité dans le public !

– J'avais hérité de l'emploi du temps le plus nul du monde. Si celui de l'année précédente n'était pas à piquer des crayons, celui-là méritait carrément la Palme d'or. À se demander comment ils se débrouillaient. Est-ce qu'ils se réunissaient deux semaines avant la rentrée et gambergeaient sur le thème : « Comment pourrir la vie de nos élèves au maximum » ?

Si tel était le cas, il faut reconnaître qu'ils étaient doués. Latin le vendredi à 15 h 45 précédé d'un cours d'éducation musicale, vie religieuse le mercredi de 9 h 10 à 10 h 10 entre latin et français (= impossible à sécher), deux heures d'EPS le vendredi matin, j'en passe et des pires. Sans parler des profs dont j'avais hérités.

Le cauchemar ne faisait que commencer...

Flash-back

Dès que j'ai parcouru le menu, la mémoire m'est revenue d'un coup : j'allais encore mourir de faim cette année !

Entrée :
carottes râpées (baignant dans l'huile)
ou saucisson sec à l'ail (anti-bavardage).

*

Plat :
poisson pané (100 % surgelé, 100 % reconstitué)
avec riz à points noirs (je cherche depuis
des années, mais je ne sais toujours pas à quoi
correspondent ces étranges points noirs).

*

Fromage :
yaourt arôme indéfini
ou mimolette casse-dents.

*

Dessert spécial taches brunes :
fruit de saison (banane... à taches brunes)
ou crêpe au sucre (rond jaune
plastifié... à taches brunes).

On pourrait croire que nous servir des plats infâmes pour le déjeuner serait une stratégie pro-jeûne. Que nenni ! Notre cantine est dotée d'un GP (alias le Garde Plateau).

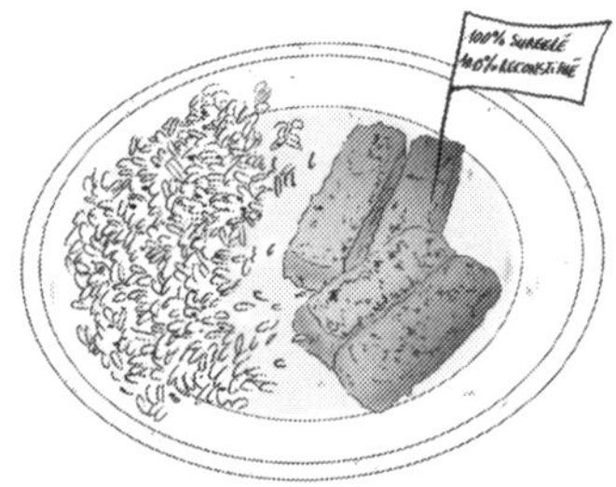

Le GP

Le GP est un homme de foi dont le rôle consiste (lorsqu'il ne prie pas) à étudier nos plateaux à la sortie de la cantine.

Si votre plateau semble dégagé (= si vous avez mangé l'improbable nourriture qui vous a été servie), vous pouvez filer. Par contre, si vous n'avez pas fini votre assiette, vous êtes prié (ah, ah) de retourner vous asseoir et de réparer votre erreur en pensant à tous les « petits Africains qui meurent de faim ».

Chacun a une méthode (plus ou moins efficace) pour échapper au GP. Certains attendent qu'il s'occupe d'un camarade pris en flag et en profitent pour glisser l'objet du délit sur les rails en espérant ne pas être repérés. Certains, comme Samuel, se forcent à tout manger jusqu'à la dernière miette. D'autres, comme moi, ont établi une stratégie anti-GP.

Ma stratégie anti-GP

Je prends plusieurs yaourts. Je les mange. J'enfourne dans l'emballage vidé de son contenu la nourriture « inavalable » (soit l'entrée, le plat et le dessert) préalablement découpée en petits morceaux.

Touche finale, je renverse les pots tête-bêche sur une assiette nickel. Enfin, je dépose mon plateau sur les rails d'un air sûr de moi en regardant le GP droit dans les yeux.

Taux de réussite depuis le CP : 100 %.

Déjeuner virtuel

J'étais en train d'avaler mon premier yaourt quand Samuel a débarqué à notre table habituelle (la plus éloignée possible du GP), a retiré le sac que j'avais posé sur sa chaise et s'est écrié d'un air ravi :

– Salut, Théo ! Alors ces vacances ?

– Finies.

– Et cette rentrée ?

– Pourrie !

Samuel m'a souri d'un air entendu avant de se ruer sur ses carottes cholestérol.

Samuel, Sammy, Sam

Samuel est mon meilleur ami depuis la sixième.

Meilleur comme dans unique.

Je ne suis pas d'un naturel très liant. Je n'aime rien tant que rester dans ma chambre pour mater des feuilletons, battre mes propres records à des jeux vidéo, m'abreuver de mangas, écouter du rock, dessiner et surfer sur le Net. Je déteste en vrac et dans le désordre : les soirées, les conversations qui n'en finissent pas, les réunions (de famille et autres), les sorties... bref, toute activité requérant un minimum de *social skills*.

Samuel, lui, est ouvert, optimiste et jovial.

Samuel court à la rencontre des autres.

Samuel est mon contraire.

À une exception près, qui explique probablement notre attachement mutuel. En dépit de ses efforts, Samuel est incapable de s'intégrer. Samuel est un paria. Comme moi. Samuel en souffre. Pas moi. Samuel ne comprend pas pourquoi. Moi si.

Alors que j'ai la réputation d'être d'une franchise désastreuse et de balancer chaque soupçon de pensée qui me passe par le caillou sans en appréhender les conséquences, je n'ai jamais osé avouer la vérité à Sammy. À savoir que s'il a du mal à se faire des amis, c'est parce que :

• Il se rend au collège en costume-cravate junior recyclé (son frère aîné a porté le même pendant des années).

• Il est nul dans toutes les matières. Sauf en EPS. En EPS, il est archi-nul !

• Il n'a pas encore mué et possède une voix de fausset.

• Il pleure avec une facilité déconcertante.

• Et *last but no least*, Samuel souffre d'un horrible handicap. Sa mère.

<u>La mère de Samuel aka Inukaï*</u>

La problématique

Cette femme est une énigme. Elle ne travaille pas. Son fils aîné (Matthieu, vingt et un ans) est interne à Polytechnique (l'X pour un public averti). Son fils cadet (Samuel, quatorze ans) passe cinq jours sur sept enfermé dans un collège. Elle a engagé une bonne et une cuisinière à plein temps et ne s'est jamais découvert le moindre hobby. Dès lors une question s'impose : comment cette femme remplit-elle ses journées ?

La réponse

En semaine, elle s'occupe d'elle. De 08 h 10 (début des cours) à 16 h 45 (fin des cours). Le reste du temps, elle pourrit la vie de Sammy.

Les preuves

- Elle a un corps d'athlète (tout en longueur, tout en muscles, tout en coach) et un visage de statue (tout en Botox). Elle est tellement retouchée qu'elle doit avoir plus de cicatrices que Black Jack*.

- C'est la présidente des anciens élèves de Sainte-Croix. Elle participe à toutes les activités, ne rate pas la moindre réunion parents-élèves, connaît l'emploi du temps de Samuel par cœur, dépose son fils au collège chaque matin et l'attend chaque soir à la sortie pour le ramener au cas où il se perdrait en chemin (ils habitent à cinq cents mètres), surveille ses devoirs et l'abreuve de cours particuliers. Elle a décidé que Sam intégrerait Polytechnique. Comme son frère. Le fait qu'il ne soit pas doué pour les études et que son rêve secret soit de devenir comédien ? Hors de propos.

Nota bene : Elle a suivi l'intégralité de sa scolarité avec ma mère et la déteste cordialement. Ma mère le lui rend bien. Inukaï constitue un des rares sujets (voire le seul) sur lequel ma mère et moi sommes du même avis : à éviter !

Et le père de Sammy alors ?

Le père de Samuel aka Ryûk*

À l'instar du mien, le père de Sam est un PV (Père Virtuel). Il est censé exister. La preuve : il a une femme et deux enfants. Toutefois, je ne l'ai jamais croisé. D'après Sam, son travail le contraint à beaucoup voyager. Conséquence, il est rarement chez lui.

Que fait-il ? Aucune idée. Les explications de Sam à ce sujet manquent de précision. « Il s'occupe de gérer de façon diplomatique les relations entre la France et certains pays étrangers à tendances belliqueuses » (sic).

Idée n° 1. Cet homme est peut-être agent secret...

Idée n° 2. Ou alors il partage le point de vue de ma mère et moi sur sa moitié. À éviter !

L'as des as

DA :

Quand la cloche a sonné, j'ai observé mes camarades s'éloigner vers la liberté. Samuel m'a salué de la main tandis que sa mère lui attrapait le bras. Elle m'a lancé un regard foudroyant auquel j'ai répondu en souriant de toutes mes dents avant de me détourner vers les escaliers pour me rendre chez Pitbull alias Mme Dormul, notre directrice. Une convocation dès le premier jour. Un exploit !

Pitbull avait quelques remarques à formuler sur ma nouvelle couleur de cheveux (noir corbeau d'après elle, *Black Magnetic* d'après vous le valez bien), mes bagues en argent (trop grosses, trop nombreuses, trop agressives), mon jean (trop aéré) et mes tennis (trop éculées).

J'ai mordu mes lèvres jusqu'au sang pour ne pas hurler, j'ai ravalé mes arguments et j'ai passé en revue (mentalement) mes bonnes intentions de début d'année : ne pas générer de vagues. Surfer sur les remarques assassines. Bref me comporter en toutes circonstances comme un moine shintoïste*.

♀ 9 SEPTEMBRE

Passage à tabac

DA : 

Je subodorais que les deux heures d'EPS du vendredi matin seraient un cauchemar. Je n'avais pas mesuré à quel point ! Il faut surligner que je n'avais jamais eu Ménard, le prof de gym dont les troisièmes de l'année précédente assuraient : « Là où Ménard passe, les élèves trépassent. »

Il nous a traînés jusqu'au bois de Boulogne et nous a enjoint, les pieds fondus dans le sol et le sifflet collé à la bouche, de courir jusqu'à ce qu'asphyxie s'ensuive.

Quand nous sommes retournés au collège, j'étais rouge comme un homard cuit, mes cheveux ressemblaient à ceux de Bill Kaulitz* au réveil et mes nerfs étaient au bord de la crise. À peine sortis des vestiaires, surprise. Pitbull nous attendait pour nous annoncer que le photographe était prêt.

Les filles ont attrapé leurs brosses, les garçons leurs peignes et moi… rien. J'avais complètement zappé cette histoire de photos individuelles.

Recherche peigne désespérément

DA : 

Dans le couloir qui menait au studio improvisé, j'ai cherché Sam du regard.

Nous n'étions pas dans la même classe cette année, mais je savais que les troisièmes 2 subissaient leur cours d'EPS avec nous le vendredi et je me doutais qu'Inukaï avait pensé à lui préparer une trousse adaptée. Pas de Samuel en vue.

Le photographe a hurlé mon nom. Trop tard !

DA : 

J'ai laissé mon corps fourbu s'écrouler sur la chaise et j'ai lancé un regard noir vers l'objectif.

Le photographe (grand sourire) : Détends-toi !

Moi : Hum...

Le photographe (sourire assoupi) : N'hésite pas à sourire !

Moi (subtil mouvement des lèvres) : OK.

Le photographe (hésitant) : Tu n'aimes pas sourire, hein ?

Moi (haussant les épaules) : Bof...

Le photographe (résigné) : Bon, attention, le petit oiseau va sortir !

Résultat en image : Cheveux pétard mouillé – Yeux levés au ciel (surveillant le vol de ce stupide petit oiseau) – Teint livide (flash) saupoudré de taches rouges (EPS) – Sourire forcé.

Pas la peine de payer quelqu'un pour ça ! J'aurais pu leur fournir un autoportrait.

Retour au calme

DA : 

Ma chambre. Ma bulle. Une semaine que j'attendais ce moment. Me retrouver à ma table, un crayon à papier à la main, une page blanche face à moi, un bol de thé chaud à proximité et Sonic Youth en fond sonore.

Mon père était parti à son cabinet. Une urgence ! Comme chaque samedi depuis ma naissance.

Ma mère répétait un concerto pour piano de Bach dans sa salle de musique insonorisée.

J'étais donc tranquille pour un bout de temps. A priori...

J'étais sur le point d'entamer mon premier dessin quand mon univers s'est écroulé. Mes écouteurs ont été sauvagement arrachés de mes oreilles. Mon iPod a effectué un vol plané au-dessus de ma tête avant d'atterrir dans mon bol de thé dont le contenu s'est déversé sur mon bloc. Adieu dessins, croquis, esquisses...

Le coupable : Kyô*.

Il s'était propulsé sur mon bureau en se servant de mes écouteurs en guise de points d'appui et me fixait maintenant d'un œil torve. Soudain, il s'est tordu dans tous les sens, sa gorge a produit des borborygmes d'exorciste, il a étiré son cou vers le clavier de mon ordi et l'a aspergé d'un liquide verdâtre et gluant.

Pas étonnant que les Chinois aient exclu cet animal démoniaque de leur zodiaque !

<u>Kyô</u>

Je l'ai recueilli. Il y a neuf mois.

Mon père nous avait enjoint, ma mère et moi, de l'accompagner à la campagne pour une partie de chasse organisée par un GCP (Gros Client Potentiel).

Le GCP traquait la grive. Mon père pistait le GCP.

J'avais bien essayé d'échapper à cette corvée en prétextant :

- une grippe soudaine,
- un devoir urgentissime,
- une allergie récente à la chlorophylle.

Rien n'a marché. Mon père avait besoin de moi pour parfaire son image de bon père de famille. Le temps d'un massacre.

Il m'a toutefois recommandé de ne pas parler. Pas que je sois d'un naturel bavard. Mon père redoutait seulement que je partage avec notre hôte son point de vue sur la chasse : « Un truc de brutes assoiffées de sang » (mes parents sont certes réacs, mais il y a des limites).

Quand j'en ai eu marre d'observer ces chasseurs du dimanche se trémousser dans l'herbe, le fusil en bandoulière, en espérant que l'un d'entre eux se tire dans le pied, j'ai décidé de visiter le parc. J'ai croisé un vieux type debout devant une mare. À mon arrivée, il a refermé un sac de toile avec de la ficelle et l'a balancé dans l'eau.

– Qu'est-ce que vous jetez ? l'ai-je interrogé.

– Un chat, a-t-il grommelé sans me jeter un coup d'œil.

– Un chat ! ai-je répété, n'en croyant pas mes oreilles.

– Ouais, ça pullule comme les lapins, ces sales bestioles. On en a déjà un au château. Largement suffisant pour liquider les souris.

Dès que le *serial-cat-killer* est parti, j'ai plongé les mains dans l'eau glacée pour récupérer le sac. J'en ai extrait un minuscule chaton ébène. J'ai glissé l'animal dégoulinant dans mon sac à dos en laissant une ouverture pour lui permettre de respirer et j'ai passé le reste de la journée à trépigner en attendant d'être de retour à la maison pour le présenter à mes parents.

À l'instar de beaucoup de défenseurs des animaux, ils les apprécient. De loin. En le voyant, ma mère n'a eu qu'une seule remarque à formuler :

– C'est ton chat. C'est toi qui t'en occupes !

♄ 10 SEPTEMBRE

Heure de pointe chez le véto

DA : 

Je me tenais sur une pauvre chaise en plastique dans la salle d'attente, Kyô serré dans les bras. Après avoir sauvé in extremis mon iPod de la noyade et nettoyé tant bien que mal les dégâts, j'avais attrapé le « malade » pour le conduire chez le véto.

Depuis que nous avions franchi la porte du cabinet, Kyô semblait avoir retrouvé la pêche. Il ne cessait de gigoter pour se dégager de mon emprise, mais je le maintenais contre ma poitrine d'une main de fer. Je savais qu'à peine libéré, il partirait à l'attaque du :

- caniche orange qui le dévisageait d'un air suffisant ou du
- boxer qui lui faisait de l'œil depuis notre arrivée la bave aux babines, voire du
- canari hystérique qui hurlait plus qu'il ne chantait.

Une heure plus tard, le véto examinait enfin Kyô. Ce dernier tentait, dès qu'une opportunité se présentait, de planter ses griffes dans sa blouse blanche.

Diagnostic : dépression saisonnière. Jamais entendu parler !

Ordonnance : la carte de visite d'un psy pour félins. J'avais bien observé le véto. J'avais analysé la moindre de ses expressions. Son visage était demeuré impassible.

Analyse : il ne se foutait pas de moi. Ce type me conseillait vraiment de balancer mes économies sur un divan à minets.

Tarif pour la carte de visite : cinquante euros. Mais où allait le monde ?

Prescription perso : une boîte de sardines à l'huile accompagnée d'une tasse de lait.

Résultat : Félicitations du jury à poils noirs. Dépression anéantie !

☽ 12 SEPTEMBRE

Réunion de rentrée (phase 1)

Comme chaque année depuis la sixième, Pitbull a organisé une réunion de rentrée. À 19 heures !

Mes parents ne sont pas disponibles. Ils sont désolés. Comme chaque année depuis la sixième.

Rosario les remplacera. Comme chaque année depuis la sixième.

Leandro l'accompagnera. Une révolution !

Rosario

Rosario, ou Mam (Mon Autre Mère) comme je la surnomme parfois, travaille chez nous du lundi au vendredi en tant que femme de ménage/traiteur. Elle a quitté le Portugal à vingt-huit ans pour s'installer en banlieue parisienne avec celui qui allait devenir son mari. Depuis, celui-ci s'est mystérieusement volatilisé et elle vit seule avec Leandro, son « coração[1] ». Comme elle est d'une nature discrète et taiseuse, je n'en sais pas plus. Et pourtant, je la connais depuis toujours.

C'est elle qui prépare les plats que je me réchauffe et dévore cinq soirs par semaine.

Ma mère n'a pas le temps. Ou elle répète ou elle concertise.

Mon père n'a pas une minute à lui. S'il ne prépare pas une plaidoirie, il fignole un dossier.

Une question me turlupine depuis un certain temps : mes parents savent-ils faire cuire un œuf ?

Réunion de rentrée (début de la phase 2)

Samuel m'a envoyé un regard peiné du premier rang. Inukaï s'est aussitôt retournée.

1. « Cœur » en portugais.

Elle portait une robe-chemisier en soie noire qui mettait en valeur ses épaules coachées et son teint autobronzé.

Elle nous a survolés du regard, Leandro et moi, avant de s'arrêter sur Rosario. Elle a esquissé un petit sourire narquois avant de lever les yeux vers le plafond et de se détourner.

J'étais sur le point de lui toucher deux mots sur la politesse des stars quand Pitbull est apparue sur le podium.

Réunion de rentrée (fin de la phase 2)

Alors que je m'assoupissais sur ma chaise, une voix à mes côtés a soulevé un problème crucial :

– En quoi consistent les réunions de préparation à la confirmation ?

Quand j'ai réalisé que la voix en question appartenait à Rosario, j'ai entrouvert les yeux. L'assemblée nous dévisageait, leurs regards étonnés passant d'elle à moi dans un mouvement métronome.

<u>Rosario bis</u>

Les parents de mes camarades semblaient s'interroger. Qui était cette femme ? Ma mère ?

INDICES

- Rosario m'arrive aux épaules.
- Je suis enfant unique.
- Le petit garçon de dix ans assis à côté d'elle et qui lui ressemble comme deux gouttes d'eau ne peut donc être mon frère.
- Jusqu'à l'année dernière, mes cheveux étaient blonds et mes yeux bleus (ces derniers le sont toujours). Rosario est brune aux yeux noirs.
- J'ai une peau translucide avec cernes apparents. Rosario a la peau ambrée même en hiver.
- Rosario a la foi et s'interroge sur la confirmation. Moi pas.

Ils ont déjà pu observer Rosario lors des trois réunions de rentrée précédentes (celles de sixième, cinquième et quatrième). S'ils n'ont toujours pas percuté, il est temps pour eux d'abandonner.

Réunion de rentrée (chute et fin)

Quelqu'un m'a tapé sur la main. J'ai ouvert les yeux. La salle s'était vidée de ses occupants qui se dirigeaient vers la sortie.

Victime d'une attaque de somnolence aiguë, je n'avais rien suivi et loupé les moments clés : le discours de Pitbull et la corbeille de questions d'Inukaï.

Leandro a tendu une main vers moi en me lançant un clin d'œil complice. Je l'ai saisie et nous nous sommes précipités dehors non sans renverser quelques chaises au passage.

<u>Leandro</u>

Je déteste les gosses. Je ne comprends pas pourquoi tout le monde s'extasie à la vue d'un marmot. Heureusement pour moi, mes parents se sont arrêtés au chiffre un dans leur délire reproductif.

Leandro est l'exception qui confirme ma règle. Il possède un don pour les jeux vidéo, dévore les mangas que je lui prête sans froisser une page, a l'oreille rock et jouit d'une beauté mangakesque (cheveux noirs et lisses, cils aérodynamiques, yeux démesurés). Et *last but not least*, il peut rester des heures assis sur une chaise sans moufter. Je déteste les gamins. Sauf un!

☿ 14 SEPTEMBRE

Incident divin

DA : 

J'étais la proie d'une incroyable tension. Kagami Kazuya* était sur le point de régler son compte à une bande de voyous qui harcelait les commerçants d'un quartier de Tôkyô.

Les pages crissaient sous mes doigts fébriles lorsqu'une voix a mis un terme à mon état de transe :

– On peut savoir ce que vous lisez ?

– *Un flic à Tôkyô*, ai-je répondu en agitant la couverture de mon manga sous la coiffe de sœur Dominique.

– En... en cours de vie religieuse, s'est-elle étranglée.

– Ben ouais, ai-je confirmé. L'année dernière, vous aviez exigé que je ne pose plus de questions. J'obéis.

– Je vous avais demandé de ne plus perturber la catéchèse, pas de profiter de ce moment de réflexion pour lire des inepties !

– Je ne savais pas quoi faire d'autre, ai-je soupiré en écartant les bras en croix.

– Priez pour le salut de votre âme, m'a-t-elle conseillé avant de me signifier d'un geste de la main qu'elle me renvoyait.

À peine commençais-je à me réjouir à l'idée de finir de déguster mon manga au soleil qu'elle s'est penchée pour me l'arracher des mains.

– Vous le récupérerez chez madame Dormul. Je ne manquerai pas de l'informer de votre comportement blasphématoire, a-t-elle précisé avec un petit sourire sadique.

J'ai claqué la porte. C'était plutôt à elle de prier pour le salut de son âme damnée. Vol + délation, ça irait sûrement chercher loin le jour du JD (Jugement Dernier).

♃ 15 SEPTEMBRE

Appel du vide

DA : 

– Pour le devoir sur table de la semaine prochaine, vous devez réviser l'intégralité du programme de l'année dernière plus ce que nous avons étudié depuis la rentrée, nous a annoncé M. Pillot (alias Redbull), notre prof de maths, à la fin des deux heures de cours.

Le sort s'acharnait contre moi !

♄ 17 SEPTEMBRE

Accalmie

Après avoir dilapidé ma matinée à réviser les deux mille pages de cours de Redbull, je me suis offert une petite récompense. J'ai dévalisé le papetier du coin : crayons, gommes, marqueurs, bloc à dessin flambant neuf...

Trois heures de dessins plus tard, la tension de ces derniers jours s'est volatilisée. J'ai observé le résultat. Pas trop mal !

To Hell With Good Intentions, McLusky

ARRÊT SUR TEXTE

Mes doigts sont ankylosés à force de taper. Je suis HS. Je sauvegarde et m'apprête à fermer mon fichier.

Tu abandonnes déjà ? s'étonne la petite voix dans ma tête.

J'en peux plus, je réponds. Je vais me coucher. Je reprendrai demain matin.

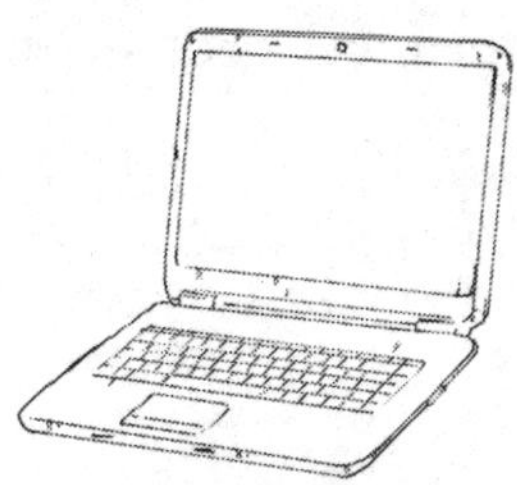

Je n'ai toujours pas compris pourquoi tu avais décidé d'écrire ce carnet.

Un peu de patience. Je vais bientôt y venir.

Pff... Le coup du suspense à deux balles. En plus, tu as une vision assez biaisée de la réalité si tu veux mon avis.

Je m'en passe.

Eh bien, je te le donne quand même. Tu fais genre « je prends tout à la rigolade » comme si rien ne te touchait, rien ne t'ébranlait.

J'écris ce que je pense.

Tu veux me faire croire ça ? À moi ? Tu t'en fous peut-être que tes parents ne soient jamais disponibles ? Qu'ils ne s'occupent pas de toi ?

Au contraire ! Ça m'arrange ! Ils ont leur vie et moi la mienne, ça fonctionne très bien ainsi.

Ah ouais ? Parce que tu crois que t'enfermer soirs et week-ends dans ta chambre, c'est avoir une vie peut-être ?

Pourquoi pas ? En plus, tu es d'une mauvaise foi hallucinante. Tu sais pertinemment qu'il m'arrive de sortir avec Samuel.

Une fois tous les trente-six du mois !

Et alors ? En quoi est-ce que ça te regarde ?

Je suis la voix de ta conscience.

Tu parles d'une conscience !

La voix se tait enfin, assommée par le poids de mes arguments. J'éteins mon ordi et me glisse sous ma couette.

When I'm Through With You, The VLA

Fin septembre
REWIND SUITE

♃ 22 SEPTEMBRE

Doigts dans le nez

L'interro de maths s'est super bien déroulée. Je n'ai eu aucune difficulté à résoudre les exercices concoctés par Redbull. En sortant de cours, je m'interrogeais. Quelle note allais-je récolter ? 16 ? 17 ? Plus ?

☉ 25 SEPTEMBRE

Liturgie personnelle

Le collège nous poursuit même le dimanche. Je dois assister (mes parents ont malheureusement réussi à se libérer) à la « messe de rentrée ».

Messe de rentrée

Une messe de rentrée ressemble à une messe classique, est aussi barbante qu'une messe classique, mais n'est pas une messe classique. Elle dure beaucoup plus longtemps ! Du moins, c'est mon impression…

Ombre d'un doute : le fait que cette messe soit la première que je subisse après deux mois d'abstinence estivale y serait-il pour quelque chose ?

☿ 28 SEPTEMBRE

Abyssus abyssum invocat

DA : 

Ils ont raison : L'abîme appelle l'abîme[1].

La preuve : Mme Maupon, notre prof de latin, a décidé de nous infliger une interro écrite la semaine prochaine et je vais devoir sacrifier mon vivant samedi matin à réviser une langue morte !

1. Traduction de *Abyssus abyssum invocat*.

Deuxième incident divin

DA : 

Sœur Dominique a une dent contre moi.

Comme il y a deux semaines, elle a frôlé la crise maniaque en découvrant ma lecture assidue d'*Un Flic à Tôkyô* pendant son cours, j'ai décidé de m'effacer jusqu'à la fin de l'année en parfaisant mon rôle de statue de sel.

Je m'efforçais donc de ne pas bouger et de ne pas parler (limite de ne pas respirer) en fixant ma table (il fallait bien que je me concentre sur quelque chose).

Cette technique avait fonctionné mercredi dernier. Aujourd'hui sœur Dominique avait décidé de torpiller ma stratégie.

– Pourriez-vous partager avec nous le résultat de votre intense réflexion ? m'a-t-elle demandé.

– Sur… ai-je feint d'hésiter alors que je savais pertinemment de quoi il retournait.

Depuis une demi-heure, elle blablatait sur Dieu le Père.

– ... Notre Père Notre Seigneur.
– Ben, je n'ai pas trop d'avis sur la question.
– Essayez ! a-t-elle insisté.
– Bon. Euh... Voilà. Je ne comprends pas trop pourquoi ce personnage change autant entre le tome I et le tome II. À l'époque où il s'appelait encore Yahvé, il était tout le temps en colère et prêt à en découdre avec la terre entière et puis soudain... pof... tome II, il change de pseudo et vire Bisounours.

J'étais sur le point de développer ma thèse littéraire, mais elle ne m'en a pas laissé le temps.

– Dehors, a-t-elle hurlé en m'indiquant la porte du doigt.

J'aurais dû me réjouir (il serait idiot de cracher sur une petite heure de libre avant le cours de français), seulement je ne sais pas pourquoi, j'ai eu comme un mauvais pressentiment...

4 29 SEPTEMBRE

Panique à bord

DA : 

14/20 ! Je ne comprends pas ce qui s'est passé. J'ai relu les corrections de Redbull. Une de mes équations était fausse. Comment avais-je pu me planter à ce point ?

Dieu existait-il ? Avait-il décidé de se venger de mon comportement de la veille en m'infligeant une note ordinaire dans une de mes matières favorites ?

<u>Matières</u>

J'ai une conception particulière de ma scolarité. J'entends rester en tête de ma classe dans mes matières préférées : maths, français, arts plastiques, technologie et anglais. Dans les autres, mon but est de surfer sur la moyenne.

Panique à bord (bis)

DA :

Redbull semblait aussi déçu que moi. Preuves à l'appui :

• Il m'a tendu ma copie d'une main tremblante. Jusque-là rien d'exceptionnel puisqu'il tremble constamment (d'où son surnom).

• Il sautillait sur place. Là encore pas de quoi fouetter un rat puisqu'il est monté sur ressorts (voir point précédent).

• Il évitait mon regard. Or Redbull observe toujours l'intéressé droit dans les yeux en battant frénétiquement des paupières quand il lui rend son devoir. Son absence de fixette confirmait mes pires soupçons : il y avait anguille sous note.

Il ne m'a pas fallu longtemps pour remonter à la source. Yukino* avec son 18/20 m'avait piqué ma première place en maths. Si j'avais été Samuel, j'en aurais pleuré. Étant moi-même, j'ai juste serré les poings et inspiré un grand coup. Efficacité : zéro. J'étais toujours furax !

<u>Yukino aka Eugénie de Grandlieu</u>

Cette fille est la personnification de mes pires cauchemars. Elle est parfaite. Première de classe, lectrice assidue de la Bible, propre sur elle, un sourire transi perpétuellement accroché aux lèvres et une langue aussi sirupeuse que du sirop d'érable.

Les profs la respectent.

Les élèves l'admirent.

Sœur Dominique la vénère.

Même Samuel la trouve jolie et sympa.

Bref, elle fait l'unanimité.

À une exception près.

Moi.

Je ne suis pas dupe. Je me doute que derrière cette surface nickel se dissimule un requin à l'esprit retors et aux dents acérées.

♀ 30 SEPTEMBRE

Pétage de câble

DA : 

Comme il pleuvait, Ménard a décidé de transformer le gymnase en salle de torture.

Les troisièmes 2 avaient déjà envahi les lieux et j'ai immédiatement repéré Samuel à son survêt bleu marine années soixante-dix et au bandeau bleu-blanc-rouge qui ornait son front.

Nos profs se sont associés. Programme commun : gymnastique.

Je déteste ça !

Première épreuve : cheval d'arçon. Je ne comprends pas à quoi peut servir d'apprendre à bondir au-dessus de ce truc. À devenir champion du monde de saute-mouton ?

Deuxième épreuve : montée à la corde. J'avais déjà les nerfs en pelote. Il ne manquait qu'une goutte pour faire déborder mon vase.

Temps 0. C'est mon tour.

Temps 1. Je monte et redescends sans problème ni exploit majeur.

Temps 2. Samuel se lance.

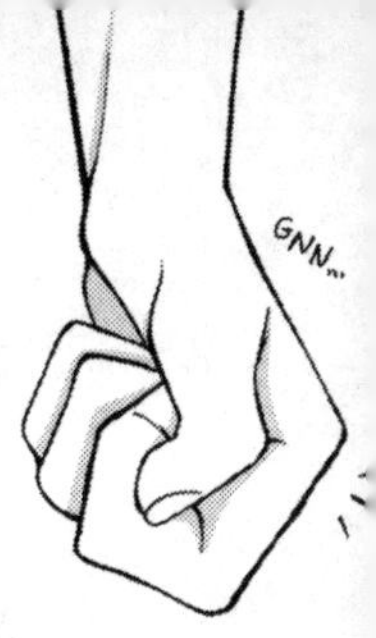

Temps 3. Samuel n'a toujours pas décollé du sol.

Temps 4. Monster* et ses potes commencent à rigoler bêtement.

Temps 5. Samuel rougit et s'emmêle dans la corde.

Temps 6. Monster s'esclaffe.

Temps 7. Samuel soulève son corps de deux centimètres et retombe.

Temps 8. Monster est hilare.

Temps 9. Je m'approche de Monster pour le prévenir. S'il continue, il va avoir affaire à moi.

Temps 10. Monster hausse les épaules et recommence à se marrer.

Temps 11. Samuel abandonne.

Temps 12. Monster traite Samuel de « tapette » et me lance un regard entendu.

Temps 13. Les yeux de Samuel s'embuent.

Temps 14. Je serre le poing.

Temps 15. Monster ricane et m'appelle Scarface.

Temps 16. Je lui balance un crochet du gauche.

Temps 17. Monster tombe à terre. Son nez pisse le sang.

Temps 18. Samuel panique. Les élèves crient. Les profs hurlent. Je souris.

Fin de la scène.

Monster
Ce type est un abruti. Point barre.

Scarface
Ce charmant surnom est lié à la cicatrice qui barre mon sourcil gauche et que je dissimule sous une mèche. Jusqu'à aujourd'hui, personne ne s'était hasardé à me surnommer ainsi. D'après mes pronostics, à partir de maintenant, plus personne n'osera.

Destinée

DA : 

Ce qui devait arriver est arrivé. À la fin de son cours de latin, Mme Maupon m'a tendu un mot de la directrice. Je devais me rendre à son bureau. Séance tenante.

Coups de points

DA : 

J'ai pris place sur une chaise face au bureau de Pitbull. Elle a extrait une feuille d'un dossier rouge sang et en a entamé la lecture point par point.

Point n° 1.

Ma tenue était inadaptée à cet établissement. Nous étions « dans une école religieuse, pas dans un centre de réinsertion pour mineurs délinquants ». Comme je n'avais pas tenu compte de son premier avertissement en début d'année, à compter d'aujourd'hui, si je me présentais au collège dans cet accoutrement, on me refoulerait à l'entrée.

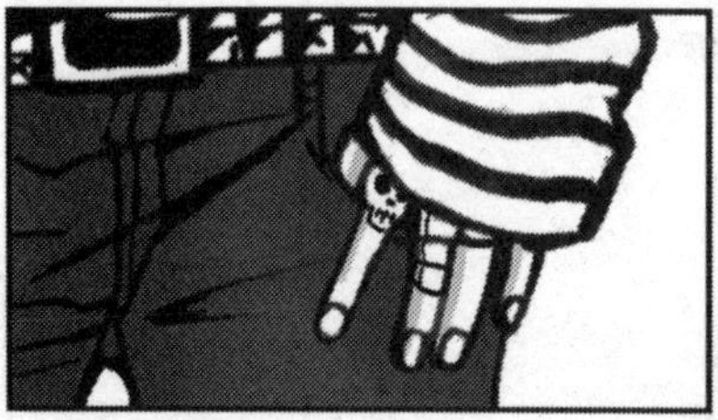

Point n° 2.

Sœur Dominique lui avait fait part de mon « attitude déplorable en cours de vie religieuse ».

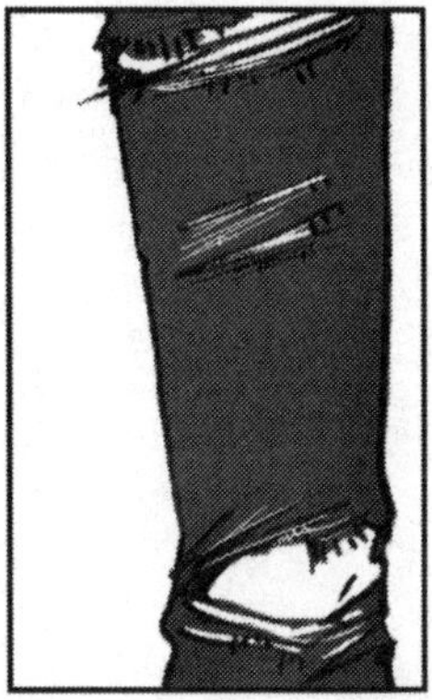

Conséquence : exclusion du caté jusqu'à nouvel ordre. Merci mon Dieu !

Point n° 3.

Elle était atterrée par l'incident de ce matin en cours d'EPS. Elle ne comprenait pas ce qui m'était arrivé, mais, au prochain faux pas, elle se verrait contrainte de me renvoyer du collège. Définitivement.

Point final.

Elle avait envoyé un mot (par courrier recommandé) à mes parents pour les informer des points précédents et prendre rendez-vous avec eux. En attendant, je devrai passer mon samedi matin du 8 octobre en retenue et présenter des excuses à cet abruti de Monster.

Avant de me renvoyer de son bureau, elle a toutefois précisé que ce dernier devra également en présenter à Samuel.

Il y a quand même une justice !

Mysterious Ways, U2

Octobre
MOIS* SANS DIEU

♄ 1er OCTOBRE

De 09 h 26 à 11 h 37

J'ai vaguement révisé mes cours de latin en descendant vérifier (toutes les dix minutes) que le facteur n'était pas passé.

11 h 38

Le facteur est passé. Aucune lettre suspecte à l'en-tête du collège. J'étais tranquille pour le week-end. Je pouvais me consacrer à mes dessins en toute sérénité.

☽ 3 OCTOBRE

Touchée, coulée

Dès que j'ai ouvert la porte du salon et que je les ai aperçus, assis sur le canapé, un lundi, à 17 heures, j'ai compris que la lettre de Pitbull était arrivée.

J'ai tenté un repli stratégique, mais mon père m'avait déjà repérée.

– J'imagine que je n'ai pas besoin de t'expliquer de quoi il retourne ? a-t-il attaqué en agitant la lettre.

Question rhétorique. Je n'ai pas répondu.

– D'après ce qui est écrit, il semblerait que tu aies frappé un de tes camarades, a-t-il repris.

– Je plaide les circonstances atténuantes, ai-je lancé. Il avait insulté Samuel.

Mon avocat de père a retenu un sourire.

– Et alors ? Samuel n'est pas assez grand pour se défendre tout seul ?

– Pas vraiment. Il est haut comme deux poires. En plus, il s'agissait aussi de légitime défense. Ce type m'avait surnommée Scarface, ai-je ajouté.

– Ce n'est pas une raison pour frapper quelqu'un ! a objecté mon père.

– Théodora… a commencé ma mère.

J'ai sursauté. Ma mère n'utilise jamais mon prénom dans son intégralité. Elle sait que je le déteste.

– Ton père et moi avons réfléchi. Il est clair que tu as des problèmes.

– Des problèmes ? ai-je répété, sidérée.

– Chérie, laisse-moi finir s'il te plaît. Bon… il est évident que tu es mal dans ta peau.

J'ai attaqué l'ongle de mon pouce pour m'empêcher de hurler.

– Tu t'habilles n'importe comment. Sans parler de ta nouvelle couleur de cheveux. Tu passes tes soirées et tes week-ends cloîtrée dans ta chambre, tu ne souris jamais, tu es tout le temps en colère... Bref, a-t-elle conclu. Je t'ai pris un rendez-vous chez un psy. Samedi prochain. À 15 heures. Je t'accompagnerai.

J'étais sur le point de lui rétorquer que c'était plutôt à elle d'entamer une thérapie. Moi au moins je ne passais pas mes soirées à m'engueuler en cachette avec mon conjoint, mais elle m'a devancée :

– Ce n'est pas négociable !

☿ 5 OCTOBRE

Off

J'ai profité de mon heure de récréation religieuse pour me remettre de l'interro de latin de ce matin.

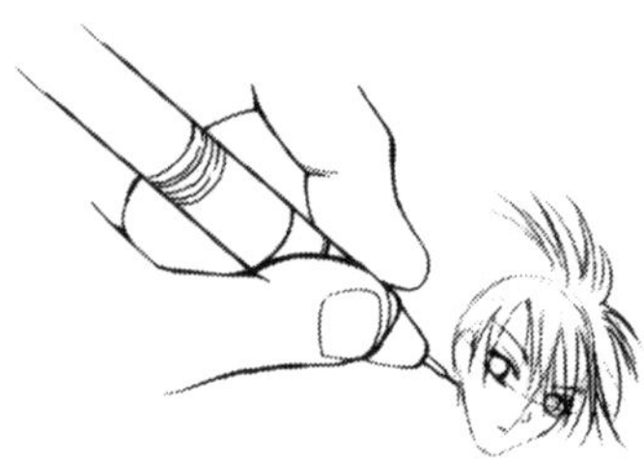

♀ 7 OCTOBRE

Rétropédalage

Je ne pense pas à mon rendez-vous de demain chez le psy. Je ne suis pas inquiète. Du tout. Pas le moins du monde. Je m'en contrefous. Je n'y pense pas.

♄ 8 OCTOBRE

JLMC : Jour de Lancement de Mon Carnet - Retenue

J'avais terminé ma dissertation. J'avais achevé mon devoir de techno. J'avais exterminé mes exercices de physique. J'ai regardé ma montre. Encore une heure à tenir ! J'ai jeté un coup d'œil au surveillant. Il m'a renvoyé mon regard. Tentative d'évasion annulée !

JLMC - Transaction

Ma mère m'attendait dans ma chambre. Elle avait déterré des milliers de vêtements de mon placard et les avait étalés sur mon lit. Quand je suis entrée, elle m'a tendu une chose olivâtre dont j'avais oublié l'existence. J'ai croisé les bras et lui ai demandé :

– C'est quoi ?

– Le cadeau que je t'ai rapporté de mon dernier voyage à Salzbourg.

– Hum... mais encore...

– Une R, O, B, E, a épelé ma mère d'un ton excédé. J'ai pensé que tu pourrais la porter !

J'ai répondu sur le même mode :

– J, A, M, A, I, S !

Ma mère a soupiré avant d'ajouter en joignant le geste (grand mouvement du bras de haut en bas) à la parole :

– La directrice a clairement signifié dans sa lettre que tu ne pouvais plus te rendre au collège dans cette tenue.

– Plutôt mourir que m'habiller en poupée Barbie !

Ma mère a levé les yeux au ciel. Nous avons négocié. Longtemps. J'ai posé mon veto sur l'olivette et ses semblables.

Nous sommes parvenues à un compromis : jean bleu non troué, tee-shirt non délavé, blouson non siglé, bagues empochées, tennis à laver.

JLMC – Divan I

J'étais assise devant elle depuis une demi-heure. Le silence qui régnait dans la pièce était tel que j'entendais une pendule égrener chaque seconde dans la pièce d'à côté.

Je ne pensais pas que les choses se dérouleraient ainsi. Je m'étais imaginé que la psy me poserait des questions auxquelles je répondrais... ou pas. Comme dans *United States of Tara*. Or la femme en face de moi se contentait de hocher la tête à intervalles réguliers, à l'instar de ces petits chiens en plastique à l'arrière des voitures. Sans piper.

Je m'interrogeais. Est-ce un truc qu'ils apprennent en fac de psy ? Option « dodelinement de la tête » ?

JLMC – Divan II

La femme a retrouvé l'usage de la parole pour me réclamer soixante euros. C'était cher payé les quarante-cinq minutes de silence. Avec cette somme, j'aurais pu m'acheter au moins quinze mangas d'occase chez Gibert. Mais je me suis tue et me suis contentée de payer. En hochant la tête d'un air entendu.

JLMC – 16 h 49

Ma mère avait laissé un message sur mon portable pour m'informer qu'elle était coincée dans les embouteillages et ne serait pas à notre lieu de rendez-vous avant une demi-heure.

En attendant, je me suis installée sur un banc pour savourer le tome 1 d'*Ayako** que j'avais acheté la veille.

Alors qu'un autre cadavre venait d'être découvert sur les rails, quelqu'un s'est assis à mes côtés. Je n'ai pas bougé.

– *Manga no kamisama**, a commenté une voix grave.

J'ai relevé la tête.

– Pardon ?

– Le dieu du manga, a traduit la voix. Tezuka Osamu*. Une très bonne lecture.

J'ai observé mon interlocuteur. J'ai essayé de ne pas sourire. Je n'y suis pas parvenue. Ce vieil Asiatique aux cheveux poivre et sel et aux yeux pétillants me paraissait d'emblée sympathique. C'était suffisamment exceptionnel pour que j'accepte de lui adresser la parole :

– Vous le connaissez ?

– Pourquoi ? Vous pensez que tous les Japonais se connaissent ? a-t-il gloussé.

– Non, non. Désolée.

– Ne vous excusez pas ! C'est moi qui devrais m'excuser. Je vous ai interrompue en pleine lecture.

– Ce n'est pas grave !

– Vous dessinez ? m'a-t-il soudain demandé.

J'ai sursauté.

– Comment ?

– Vous avez des traces de marqueur au bout de vos doigts.

– Oh, ça, ai-je murmuré en observant les taches noires disséminées sur ma main gauche et mes ongles rongés. Oui, je croque parfois des personnages. Enfin, j'essaie…

– Vous aviez rendez-vous chez la psy ?

J'ai sursauté pour la deuxième fois en moins de deux minutes.

– Vous êtes devin ou quoi ?

– Pas vraiment. Quand le temps est clément, je m'installe sur ce banc pour me détendre pendant ma pause et j'y rencontre régulièrement des patients de cette femme.

J'ai senti un filet de déception remonter dans ma gorge. Qu'est-ce que j'espérais ? Être la seule personne avec qui il ait jamais eu envie d'entamer une conversation ?

– Je ne suis pas une de ses patientes. Ou alors une patiente filante. C'était la première et dernière fois que j'y allais.

– Hum… Je vois… Il est vrai que ce genre de thérapie ne convient pas à tout le monde, a-t-il reconnu.

– Vous en avez déjà suivi une ?

– Oui. Je continue d'ailleurs. Mais la psychanalyse n'est pas adaptée à mon caractère. En guise d'analyse, je tiens un journal.

– Un journal ? Comme les filles ?

L'homme a esquissé un sourire.

– Sûrement. Je suis un peu fille. Comme vous êtes un peu garçon. Le yin et le yang. Alors oui, si vous voulez, je tiens un journal comme une fille.

– Et ça marche ?

– Disons que cela me convient. Vous devriez peut-être essayer…

– Mouais… Pourquoi pas…

Le vieil homme s'est doucement levé du banc.

– Bon, il faut que je reparte travailler. Si vous revenez un jour sur ce banc, prenez vos dessins avec vous, cela me ferait plaisir de les voir, m'a-t-il proposé avant de se détourner.

– À bientôt, ai-je lancé alors qu'il s'éloignait.

– Au prochain hasard, a-t-il soufflé.

Avant de disparaître au coin de la rue, il s'est retourné et m'a saluée de la main. La manche de son polo s'est abaissée et j'ai aperçu la queue d'un dragon tatoué sur son bras. Enfin je crois. Une seconde après, ils s'étaient volatilisés. Son dragon et lui.

JLMC – Covoiturage

À peine le temps de boucler ma ceinture de sécurité que ma mère attaquait :

– Alors comment s'est passé ton rendez-vous ?

– Secret médical !

– Tu peux quand même me dire si ça s'est bien déroulé.

– C'était OK, ai-je marmonné.

– Tu as pris rendez-vous pour la semaine prochaine ?

J'ai réfléchi à toute vitesse, puis j'ai affabulé :

– Ouais. Mais vu qu'elle avait déjà un autre patient à cet horaire, elle m'a fixé rendez-vous à 16 h 45.

Ma mère a souri.

Moi aussi.

Only Ones Who Know, Arctic Monkeys

9 octobre dans l'après-midi
RETOUR VERS LE PRÉSENT

Voilà tu sais tout maintenant. Je me suis lancée dans l'écriture de ce carnet sur les conseils d'un vieux Japonais amateur de mangas.

Mouais.

Quoi mouais ?

Non, non, rien. Ce n'est pas une mauvaise idée. La seule difficulté est de s'y tenir.

Je vais le faire. T'as vu tout ce que j'ai déjà écrit !

Tu étais sur ta lancée et tu avais envie de raconter ta rencontre avec ce vieux Japonais. J'espère juste que tu vas continuer, c'est tout.

On dirait que t'as des doutes.

Non, non… Mais je te connais. Je sais que la routine c'est pas vraiment ton truc.

Peut-être. Sauf que là je suis grave motivée.

Mmm… Pour l'instant…

Bittersweet Symphony, The Verve

Octobre (suite et fin)

MOIS SANS DIEU

☽ 10 OCTOBRE

Rien.

♂ 11 OCTOBRE

Nada.

☿ 12 OCTOBRE

J'ai arrêté de me pressurer le citron. J'ai relégué les remarques insidieuses de ma conscience aux oubliettes. Personne ne m'oblige à débusquer chaque jour quelque chose d'intéressant à ajouter à ce carnet.

Tu abandonnes déjà ? en a profité la petite voix.

Je ne lui ai pas répondu.

♄ 15 OCTOBRE

Heure nippone

Ma mère m'a déposée avec dix minutes de retard. Comme elle me surveillait depuis sa voiture, j'ai franchi la porte de l'immeuble et attendu cinq minutes dans le hall avant de ressortir.

Le banc était vide. J'ai fouillé les environs du regard et je l'ai aperçu à l'angle de la rue. J'ai couru vers lui. Il a dû m'entendre car il s'est aussitôt retourné.

– Oh, mais ne serait-ce pas la charmante lectrice d'*Ayako* ? Je n'espérais pas vous revoir aussi vite.

– Je passais dans le coin alors j'ai pensé à vous apporter ça, ai-je inventé en lui tendant mon bloc à dessins.

– Je suis très honoré, a-t-il murmuré en inclinant la tête vers moi avant de s'en saisir.

Comme il ne parlait plus mais ne regardait pas mes croquis pour autant, je me suis lancée :

– Au fait mon nom de mangaka est Hatedoro. C'est l'anagramme de mon prénom.

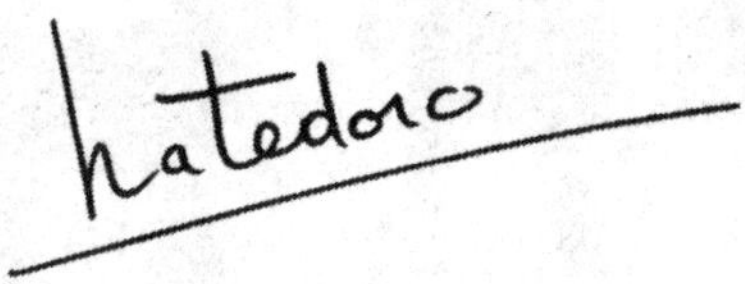

L'homme a souri.

– Je m'appelle Théodora. Mais tout le monde me surnomme Théo. Et vous ?

– Moi ?

– Oui. Vous vous appelez comment ?

– Ishiguro Takeshi, s'est-il présenté solennellement.

– Enchantée Ishiguro-san*, ai-je affirmé en inclinant la tête.

– *Hajimemashite** mangaka Hatedoro. Puis-je conserver votre carnet ? J'aimerais prendre le temps de découvrir votre univers.

– Bien sûr, ai-je répondu en me retenant de bondir de joie. Je le récupérerai samedi prochain.

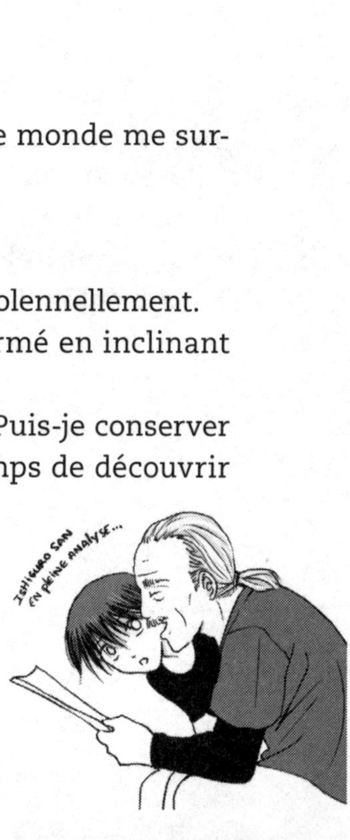

Il a levé les yeux vers le ciel et froncé les sourcils.

– Je suis en retard, a-t-il constaté.

– Vous... vous lisez l'heure dans les nuages ? me suis-je étonnée.

Ishiguro-san a éclaté de rire.

– Non. Sur l'horloge qui orne la façade de l'immeuble d'en face.

J'ai suivi son regard et remarqué l'objet en question. J'ai rougi. Quelle idiote ! Le temps que je baisse les yeux, Ishiguro-san s'éloignait déjà.

– À bientôt, l'ai-je salué.

– *Sayônara**, m'a-t-il lancé.

☽ 17 OCTOBRE

Journée de lancement de la confirmation

Aucun bouleversement particulier, mais il paraît que la confirmation est lancée. Où va-t-elle atterrir ? Aucune idée.

♂ 18 OCTOBRE

Réunion muette

Mes parents sont rentrés tard de leur réunion avec Pitbull. Que leur a-t-elle raconté ? Mystère et boulette de pomme. En tout cas, rien de suffisamment révolutionnaire pour provoquer une nouvelle réunion au sommet.

☿ 19 OCTOBRE

Rappel matinal

Quand j'ai débarqué dans la cuisine, mon père n'était pas encore parti à son cabinet. Il m'attendait.

– Ta mère et moi avons rencontré la directrice de ton collège hier soir.

– Hum... ai-je marmonné en me servant un grand bol de thé.

– Elle estime que tu t'es améliorée question tenue. Ce n'est pas encore ça, mais, comme elle l'a elle-même reconnu, on ne peut pas demander à un singe d'arrêter de grimacer en deux temps trois mouvements.

Superbe métaphore !

– De plus, tu es un bon élément.

J'attendais le « mais ».

– Mais… a-t-il poursuivi.

Gagné !

– … le comportement que tu as eu en EPS est inadmissible et elle nous a clairement signifié qu'elle ne tolérerait pas une autre… euh… bousculade de ce type…

Subtil euphémisme.

– … je lui ai expliqué que tu étais désormais suivie par un psy, ce qui a semblé la rassurer.

Si elle se doutait…

– Elle a également ajouté que tu ne t'étais toujours pas excusée auprès du jeune garçon que tu avais frappé.

Comment le savait-elle ? Mais, oui, bien sûr, cet abruti de Monster m'avait dénoncée.

– Enfin… Tu as de la chance. Même si tu restes exclue du caté, j'ai négocié avec Mme Dormul et tu feras ta confirmation. À condition évidemment de te rendre à toutes les réunions de préparation !

No comment.

Il a glissé un baiser sur ma joue avant de jeter le reste de son café dans l'évier et a quitté la pièce, un air satisfait gravé sur le visage. Il pouvait maintenant se consacrer à des choses plus importantes que sa folle de fille. Ses clients !

♃ 20 OCTOBRE

Échappée belle

Ça y est ! J'ai présenté mes excuses à Monster. Il a failli ajouter un commentaire, mais s'est finalement abstenu. Bonne idée ! Mon poing était déjà prêt !

Rétamage

Je suis dégoûtée. Leandro a battu mon record à *Red Dead Redemption**. Heureusement, les vacances commencent après-demain. Programme : jeux vidéo à gogo !

♀ 21 OCTOBRE

Fraternité

Samuel est désespéré. Inukaï lui a annoncé hier soir que Matthieu passerait les vacances de la Toussaint avec eux en Normandie.

– Ça va être atroce, a-t-il gémi pendant la pause. Maman ne va pas me lâcher. Je vais y avoir droit à tous les repas. Ton frère ci… Ton frère ça… Qu'est-ce que j'y peux moi s'il est surdoué et moi nul de naissance ?

– Matthieu est plutôt sympa, ai-je remarqué.

– C'est pas lui le problème. C'est ma mère, a affirmé Samuel dans un éclair de lucidité.

J'ai hoché la tête. Qu'est-ce que j'aurais pu faire d'autre ? Nier l'évidence ?

Matthieu

À vingt et un ans, le frère aîné de Samuel est déjà en dernière année de Polytechnique. C'est un génie. D'après Inukaï.

Il est seulement attiré par les sciences et a toujours beaucoup bossé. D'après l'intéressé.

Matthieu est un peu la créature du docteur Inukaï. Pour elle, il est la preuve vivante que si elle veut, ses enfants peuvent. Pour Samuel, il est la preuve patente que Dieu se repose le dimanche (jour de sa naissance).

♄ 22 OCTOBRE

Bourdon

Ma mère devant répéter un nocturne de Chopin pour son concert de la semaine prochaine, j'ai pris le métro pour me rendre à mon rendez-vous pseudo-psy. Je suis arrivée avec dix minutes d'avance.

J'ai attendu, attendu, attendu.

Il n'est jamais venu.

☽ 24 OCTOBRE

Dans le tunnel

Maison déserte. Silence de mort. Mon père argumente à son cabinet. Ma mère répète à l'extérieur.

Samuel, Rosario et Leandro sont partis en vacances jusqu'à samedi.

J'ai pour seule compagnie un chat post-dépressif.

♂ 25 OCTOBRE

Encore dans le tunnel

J'ai achevé les ongles de ma main gauche.

Je m'attaque à la droite.

Toujours dans le tunnel

Ongles de la main droite exterminés !

♀ 28 OCTOBRE

Vague lumière à l'horizon

Demain, on sera samedi. J'ai retrouvé un semblant de motivation et dessiné jusqu'à ce que Kyô me signifie, en sautant partout comme un kangourou sous acide, que j'avais zappé son repas.

Mon chat n'est pas dépressif.

Il est hystérique !

♄ 29 OCTOBRE

Clair-obscur

Toujours personne. J'observe mon portable.

Je suis scotchée sur ce banc depuis trois quarts d'heure. Et toujours pas l'ombre d'un dragon.

Qu'est-ce que je fais ?

J'attends encore dix minutes et je m'éclipse.

Noir complet

Impossible de me concentrer. Mon esprit ne cesse de s'évader. Je n'arrête pas de penser à Ishiguro-san.

Pourquoi n'est-il pas venu aujourd'hui ? Pourquoi n'était-il pas sur le banc samedi dernier ? A-t-il eu un accident ? Est-il malade ? Déteste-t-il tellement mes dessins qu'il préfère m'éviter ?

Plus j'y pense, plus cette explication me paraît logique.

N'empêche !

Il pourrait quand même me rendre mon bloc !

30 OCTOBRE

Halloween I

Je suis grave vénère. Samuel vient de me téléphoner pour m'annoncer qu'il ne pourrait pas fêter Halloween avec moi.

Motif : Inukaï a refusé.

Raisons invoquées par Inukaï :

• Samuel ne peut pas s'offrir le luxe de se dissiper. Depuis la rentrée, il a hérité d'un 5/20 en maths, d'un 7/20 en dissert (après que j'en ai éliminé les innombrables fautes d'orthographe) et d'un 3/20 en latin. Il doit travailler.

• Halloween est une fête païenne.

Et Noël alors ? Samuel n'a pas pensé à le lui demander.

• Se déguiser est immature. De la part d'une femme de quarante ans qui se fringue comme une kogaru*, c'est la grenouille qui se moque du bénitier !

Raison inavouée :

• Inukaï me déteste. Elle pense que j'ai une mauvaise influence sur Samuel. C'est réciproque.

Même si j'en crevais d'envie, je me suis retenue de faire la gueule à Sammy. Je sais qu'il adore se déguiser et interpréter des personnages alors j'ai préféré ne pas en rajouter. À quand la canonisation ?

☽ 31 OCTOBRE

Halloween II

Leandro a sauté de joie au plafond quand je lui ai proposé de célébrer Halloween avec moi. Il en est aussitôt retombé quand je lui ai annoncé quel personnage de cosplay* il devrait interpréter : Pinoko, la « fille » de Black Jack. Moi évidemment je m'étais réservé le rôle de Kuro Hazama* version Neo.

Leandro a refusé. J'ai eu beau lui expliquer que Black Jack sans Pinoko, c'était un peu comme une glace sans cornet, il n'en a pas démordu. Leandro ne se déguisera pas en fille. Leandro déteste les filles. Les filles sont stupides.

Il ne semble pas avoir encore compris quel malheur m'avait frappée à la naissance. Si j'insistais avec cette histoire de déguisement, il risquait de le réaliser.

J'ai donc préféré la boucler.

HELLoween

Ayant refusé toutes les invitations (une sale habitude) à des soirées Halloween, je ne savais plus où aller. Leandro a proposé de nous rendre à la boum organisée par un garçon de sa classe. Devant l'embarras de notre choix, j'ai accepté.

Résultat : J'ai passé la soirée perchée sur un tabouret bancal à me gaver de bonbons et à me pompettiser au Champomy pomme-pêche (taux d'alcoolémie : zéro/degré d'écœurement : maximum). Pendant ce temps, Leandro, alias Black Jack Junior, dansait avec toutes les personnes du sexe honni qu'il pouvait trouver.

Événement marquant : Mercredi Addams (neuf ans et demi) m'a invitée à danser un slow. J'ai décliné.

More news from nowhere, Nick Cave

Novembre

MOIS DU GIVRE

♂ 1er NOVEMBRE

Web I (Pages Blanches)

Aucun Takeshi Ishiguro n'habite Paris.

☿ 2 NOVEMBRE

Web II (Google)

Dix mille pages font référence à des Takeshi Ishiguro. J'ai passé la journée à les ouvrir les unes après les autres. Aucune ne ressemblait à mon mystérieux inconnu.

Conclusion : Le type que j'ai rencontré est un imposteur. La Toile l'a démontré. Il n'existe pas !

Flip à rebours

Je suis en pleine crise de flip aigu.

Qui est vraiment ce type ? Après tout, je ne sais rien de lui. Je ne le connais pas.

Si ça se trouve, c'est un dangereux criminel multirécidiviste.

Si ça se trouve, c'est un yakuza* (d'où son tatouage).

Mam m'a bercée pendant des années avec le refrain « il ne faut pas parler avec des inconnus ». Et moi, qu'est-ce que je fais ? Non seulement je lui parle, mais je lui file mon bloc.

Une vraie cinglée !

♃ 3 NOVEMBRE

Trou noir

Demain c'est la rentrée. Je n'ai pas la moindre envie de retourner au collège. Et si je prétextais une maladie fulgurante ?

Tard dans la nuit

J'ai enfin battu le record de Leandro.

Ces vacances n'auront pas été totalement inutiles.

♀ 4 NOVEMBRE

Tôt le matin

J'ai pris trois fois ma température. J'ai scruté ma langue dans la glace. J'ai essayé de tousser et failli m'étouffer.

Confirmation : je ne suis pas malade. Je suis folle à lier !

Rentrée

Mais qui a eu l'idée géniale de nous faire reprendre les cours un vendredi ? Un fanatique d'EPS ?

♄ 5 NOVEMBRE

16 h 45

Il était là. Assis sur le banc. Mon bloc entre les mains. Dès qu'il m'a aperçue, il m'a éclairée de son sourire.

– Désolé pour les deux samedis précédents. J'ai eu un empêchement.

J'ai attendu qu'il développe… ou pas.

– Ce n'est pas grave. J'étais pressée. On n'aurait pas eu le temps de discuter de toute façon, ai-je menti.

J'ai cru voir une étincelle de doute glisser dans ses yeux, mais elle a disparu si vite que j'avais dû rêver.

– Alors ? l'ai-je interrogé en désignant mon bloc du menton.

– Hum… a-t-il hésité.

Mon cœur s'est mis à battre à tout rompre. Je le savais, je le savais, je le savais ! Il détestait mes dessins !

– J'aime la façon dont vous croquez les personnes qui vous entourent. Vos dessins sont à la fois délicats et ironiques et vous avez déjà un style très personnel.

J'ai respiré un grand coup alors qu'il ajoutait :

– La question qui se pose maintenant est : Que comptez-vous faire de ce don ?

– Comment ça ?

– Vous êtes douée, Hatedoro, a-t-il continué. Seulement sans travail, sans assiduité, sans projet, un don ne vaut rien. Pire, c'est une malédiction.

– Une malédiction ? ai-je manqué m'étrangler.

– Oui. Les dieux vous ont offert ce cadeau. Si vous ne l'utilisez pas, vous leur signifiez qu'ils se sont trompés et qu'ils auraient dû le confier à quelqu'un d'autre. Or les dieux n'aiment pas avoir tort...

– Je fais quoi moi alors ?

– Je n'ai pas la réponse, je pose juste la question. Bon, je me sauve, m'a-t-il lancé en me rendant mon bloc. Réfléchissez et on en reparlera la prochaine fois.

– Samedi prochain ?

– Ou une autre fois...

J'ai rejoint ma station de métro au pas de charge. J'étais furieuse. Certes, il m'avait rendu mon bloc et je pouvais balayer d'un revers de pensée mes flips passés. Sauf que sa réponse énigmatique m'avait exaspérée.

Il ne pouvait pas convenir d'un rendez-vous avec un jour et une heure comme tout le monde ? Et puis, c'était quoi ce délire « je n'ai pas la réponse, je pose juste la question ». Il se prenait pour qui ? Yoda ?

Une fois installée dans ma rame de retour, je me suis remémoré ses commentaires sur mes croquis et j'ai souri. Le temps que j'arrive à la maison, mon agacement s'était volatilisé et je n'avais qu'une hâte : me remettre à dessiner !

♀ 11 NOVEMBRE

Armistice

Je déteste les jours fériés. Ces jours-là, il me manque toujours un truc vital pour dessiner et je suis coincée puisque les magasins sont fermés. Ce 11 novembre n'a pas fait exception à ce sortilège. Je me suis retrouvée en panne de Blanco alors que je voulais peaufiner les ombres de mes derniers dessins. J'ai décidé de déclarer la guerre aux jours fériés !

♄ 12 NOVEMBRE

Pont suspendu

Personne ne travaillant aujourd'hui, je n'ai pas osé pousser le vice et affirmer que ma psy était la seule à bosser. D'ici que ma mère lui téléphone pour vérifier !

Du coup, impossible de me rendre à mon rendez-vous hebdomadaire. Pendant quelques instants, j'ai paniqué à l'idée qu'Ishiguro-san m'en veuille. Mais le temps de dévorer l'ongle de l'index de ma main gauche (qui avait osé repousser), la pression est retombée. Nous n'avions pas vraiment rendez-vous.

J'ai alors réalisé que ces agaçantes rencontres improvisées étaient plutôt une bonne chose. Elles nous offraient un avantage précieux : la liberté !

☉ 13 NOVEMBRE

Vie de famille

Mes parents n'ont pas décollé du week-end. Ils ont décidé qu'il était important pour mon équilibre que nous passions du temps en famille. Même s'ils se détestent. Même s'il était évident qu'ils rêvaient d'être ailleurs.

Résultat : chacun est resté terré dans son antre. Ma mère dans sa salle de répèt avec son piano. Mon père dans son bureau avec son boulot. Et moi dans ma chambre avec Kyô.

♃ 17 NOVEMBRE

Réunion d'information sur la confirmation

Ma mère m'a accompagnée. Sa soudaine transformation en mère poule me laisse perplexe. Je n'arrive pas à déterminer ce que j'en pense. Je ne sais pas trop ce que je ressens. Il faudrait déjà que je me remette de l'effet de surprise.

♀ 18 NOVEMBRE

Première soirée de préparation à la confirmation

– Bla, bla, bla… Dieu… tsst… confirmation… bla, bla, bla… l'Esprit saint… bla, bla, bla… fondamentale…

Je n'écoute rien. Je profite de cette pause sacrée pour réfléchir à mes dessins et aux vagues conseils prodigués par Ishiguro-san. C'est vrai que, jusqu'à présent, je me suis contentée de croquer des impressions, des instantanés. Plus j'y pense et plus je suis convaincue qu'il est temps pour moi de me lancer. Dans un vrai manga.

♄ 19 NOVEMBRE

16 *h* 50

À peine m'étais-je assise sur le banc qu'il a commencé à pleuvoir. J'ai relevé la capuche de mon sweat et attendu. Sans stresser. Il viendrait s'il le pouvait, s'il le voulait.

Quand la pluie est devenue trop forte, je me suis levée pour partir. J'ai jeté un dernier coup d'œil à la rue et je l'ai aperçu. Au pied du banc. Un origami*.

Je me suis penchée pour ramasser le papier doré en forme d'étoile et me suis glissée dans l'immeuble de ma psy d'un jour pour le déplier. Un mot m'attendait à l'intérieur. Ishiguro-san m'annonçait que les jours gris étant arrivés, il prendrait à présent sa pause au *Clair de Lune*, le café du coin.

Je m'y suis précipitée. Pas d'Ishiguro-san. Il faut dire qu'il était déjà 17 h 05. Je l'avais loupé. Dépitée, j'ai failli repartir et puis j'ai changé d'avis.

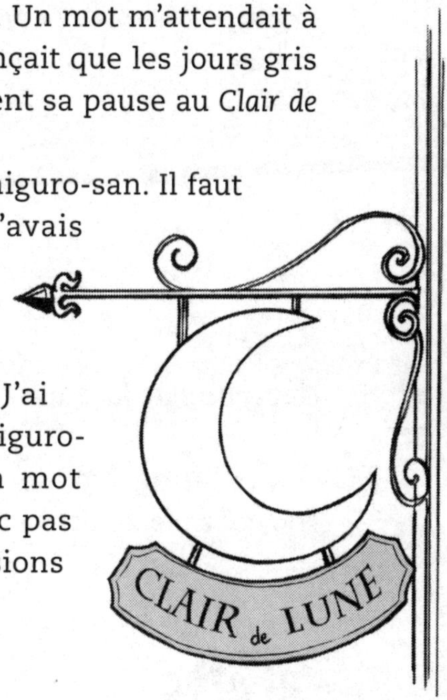

Je me suis assise à une table. J'ai commandé un thé au lait. J'ai observé à nouveau le papier. Ishiguro-san avait pensé à déposer un mot pour me prévenir. Je n'étais donc pas la seule à apprécier nos discussions bancales...

☽ 21 NOVEMBRE

Très très tard

Je ne parviens pas à dormir. Ils ont beau essayer de contrôler la portée de leurs voix, j'entends mes parents se disputer depuis ma chambre. J'enfonce mes écouteurs dans mes oreilles et appuie sur Play. Les chansons des Dead Weather recouvrent leurs mots salés.

♂ 22 NOVEMBRE

Ouverture de la chasse I

La saison des devoirs a commencé. Les profs d'allemand, d'histoire-g et de français ont été les premiers à se lancer.

☿ 23 NOVEMBRE

Ouverture de la chasse II

Au tour du prof de SVT de nous balancer la date de son contrôle de fin de trimestre.

♃ 24 NOVEMBRE

Ouverture de la chasse III

Taïaut ! C'est la curée ! Aujourd'hui annonce officielle des dates des interros de maths, d'anglais, d'éducation civique et de physique-chimie.

♀ 25 NOVEMBRE

Chasse gardée

En éducation musicale, nous n'aurons pas d'interro. Nous serons évalués de façon continue. Xanax (M. Florès) a attendu deux mois avant de nous divulguer cette info. Peut-être qu'en juin il nous communiquera le programme de l'année ? Peu importe. Contrôle continu ou pas, je suis nulle en musique.

<u>Interlude</u>

Je n'ai pas l'oreille musicale. Je suis une bille en piano. J'arrive à peine à déchiffrer la clé de sol. Quant à lire la clé de fa, je n'y parviens pas. Ce don n'est donc pas héréditaire. Quoi que ma mère en pensait. À l'imparfait.

Pendant plusieurs années, elle a voulu que j'apprenne la musique. J'ai donc subi trois années de solfège (de six à huit ans) au conservatoire du coin. J'ai enchaîné avec trois ans de piano (de neuf à onze ans) en cours particuliers. Perte sèche. Je parviens tout juste à massacrer le début de *La Lettre à Élise*. Ma pianiste de mère n'en pense plus rien. Elle a abandonné.

♄ 26 NOVEMBRE

Journée sombre

Matin. Enfin seule. Mes parents sont retournés à leurs amours et j'ai profité de la solitude de ce début de week-end pour m'atteler à mon nouveau projet. Problème n° 1 : le personnage principal. Je me suis lancée sans réfléchir dans plusieurs croquis jusqu'au déjeuner.

Déjeuner en solo. J'ai dégusté le gratin d'aubergines concocté par Rosario. Heureusement qu'elle avait pensé (une fois n'est pas coutume) à nous laisser quelques plats à réchauffer pour le week-end. Sinon c'était la famine assurée...

Après déjeuner. J'ai observé mes dessins. Nuls ! Archi-nuls ! Lamentables ! J'ai tout déchiré...

Début d'après-midi. J'ai renoncé à partir retrouver Ishiguro-san. Je n'ai rien à lui montrer. Je n'ai pas le début du commencement d'un projet. Je suis nulle.

Insomnie

Je regrette. J'aurais dû y aller quand même. Je n'étais pas obligée de lui présenter quelque chose.

J'aurais pu discuter avec lui de mes esquisses d'idées. Pourquoi est-ce que je me mets toujours la pression toute seule ?

Pourquoi suis-je incapable d'avoir des rapports sociaux normaux ?

Pourquoi suis-je moi ?

☉ 27 NOVEMBRE

Révisions sélectives

Je révise, je révise, je révise… mes matières favorites.

Je survole, je survole, je survole… les autres.

♂ 29 NOVEMBRE

Pot des voisins

Le collège a organisé une rencontre entre les troisièmes de Sainte-Croix (nous) et les secondes de Notre-Dame (nous dans un avenir dangereusement proche). Si tout se déroule comme prévu, j'achèverai ma scolarité là-bas. Soit encore trois ans et sept mois à tirer dans un établissement religieux. Je ne tiendrai jamais. Il faut que je trouve un moyen d'y échapper.

<u>Stratégies envisagées</u>

1- Je deviens nulle.

Résultat : mes parents sont obligés de m'envoyer dans un lycée public pour demeurés.

Problème : je dois renoncer à mes matières préférées.

Risque : mes parents choisissent au contraire de m'expédier dans un pensionnat religieux où l'on m'astreint à travailler à longueur de journée et où il est interdit de dessiner.

2- Je deviens excellente.

Résultat : mes parents sont obligés de m'envoyer dans un lycée public pour surdoués.

Problème : je dois bosser les matières que je déteste.

Risque : je n'ai plus assez de temps pour dessiner.

Option choisie : la deuxième.

Avantage : je ne suis pas forcée de persévérer une fois mon objectif atteint !

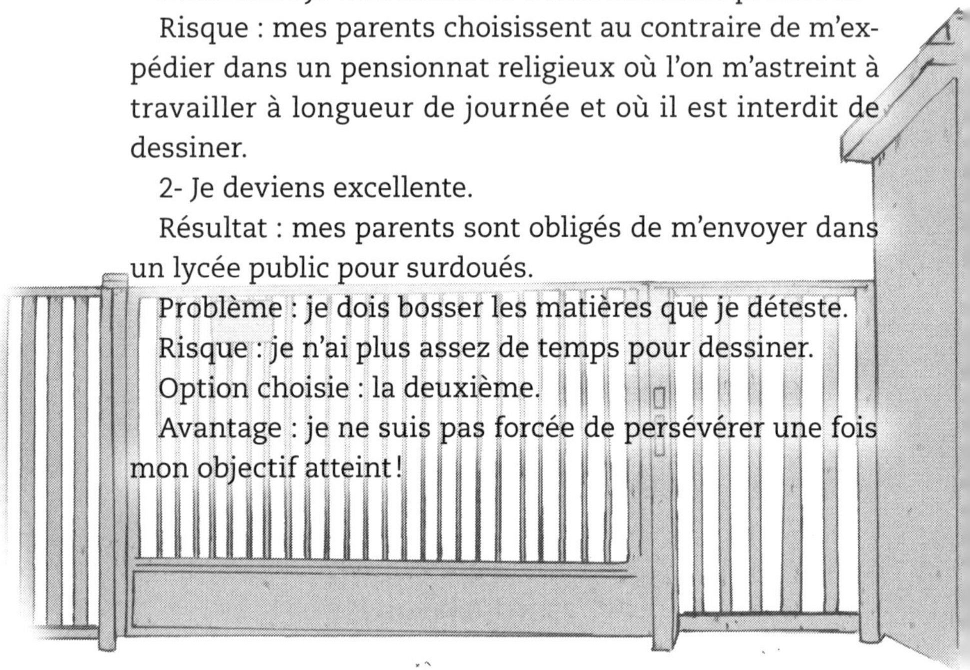

☿ 30 NOVEMBRE

Dessins à gogo

Malgré mes nouvelles résolutions, j'ai passé la nuit à dessiner.

I'm Outta Time, Oasis

PROJET 1

Mon personnage principal est né !

Il s'agit d'une adolescente androgyne dont la particularité est de se transformer parfois en garçon.

Je lui ai dessiné un visage anguleux avec un menton ovale et je l'ai doté d'un look visual* kei (le mien).

J'ai mis un temps fou avant d'opter pour une coupe courte derrière avec une longue mèche sur le côté droit (version féminine) et gauche (version masculine).

essai n°1

essai n°2

essai n°4

essai n°3

Secretly, Skunk Anansie

Décembre

MOIS DE LA COURSE DES PRÊTRES

dixit le calendrier japonais

MOIS DE LA FAMILLE

dixit myself

4 1er DÉCEMBRE

Album de famille

Alors que je m'efforçais d'encrer un portrait en évitant tout dérapage incontrôlé, Leandro a débarqué dans ma chambre, un album de photos à la main.

– C'est bizarre ! s'est-il exclamé en s'asseyant sur mon lit.

– Qu'est-ce qui est bizarre ? ai-je grommelé en continuant à me concentrer sur ma tâche.

– Y a pas de photos de toi quand t'étais bébé. Moi, ma maman, elle en a plein. Elle dit toujours que j'étais le plus beau bébé du monde. Peut-être que t'étais moche !

Qu'est-ce que c'était encore que cette histoire ? J'ai posé mon marqueur et me suis approchée de lui.

– Regarde ! m'a-t-il suggéré en me tendant l'album.

Je l'ai rapidement feuilleté. Leandro avait raison. Les premières fois où j'apparaissais, j'avais trois ans.

Avant, je n'existais pas.

Pas en images en tout cas.

♀ 2 DÉCEMBRE

Intense réflexion

Cette histoire de photographies m'intrigue. J'ai cherché une explication plausible. Je n'en ai déniché aucune.

J'aurais aimé en discuter avec mes parents, mais ils étaient absents.

Comme d'hab.

♄ 3 DÉCEMBRE

Pause-café

16 h 15. Je suis prête. Mes dessins sont prêts. Pourvu qu'il vienne !

16 h 45. Quand je suis entrée dans le café, je l'ai immédiatement repéré. Il buvait un truc rouge bizarroïde. Je me suis assise à sa table. Il a relevé les yeux et esquissé un demi-sourire. Je lui ai tendu mes derniers dessins.

Pendant qu'il les étudiait, j'ai commandé la même chose que lui (un Sanbittèr d'après le serveur).

– Hum... Intéressant, a-t-il fini par lâcher. De qui s'agit-il ?

– Du personnage principal de mon manga. Comme vous me l'avez conseillé, je me suis lancée dans un vrai projet. Je n'ai pas encore d'histoire, ni rien... mais bon... euh... voilà... J'ai commencé par dessiner mon personnage principal. Cette semaine, je compte m'attaquer aux personnages secondaires.

– Déjà ?

– Ben ouais... ai-je hésité.

– Mais votre personnage principal... Que fait-il ? Comment s'appelle-t-il ? Quel est son but ?

– Euh... Pour l'instant, je n'en ai aucune idée, ai-je reconnu.

– Si je comprends bien, il est hermaphrodite ou en tout cas il change parfois de sexe. Pourquoi ?

– Comment ça pourquoi ?

– Eh bien, il y a sûrement une raison, non ?

– Euh... Je n'y ai pas encore réfléchi, ai-je réalisé.

– Je vois. Il est donc peut-être un peu prématuré de vous consacrer dès à présent aux autres personnages ?

Il avait raison. J'étais trop pressée. Qu'est-ce que je m'étais imaginé ? Que je pondrais un manga qui tient la route en vingt-quatre heures chrono ? Ce genre de projet demande du temps et de la réflexion. J'en avais pour des mois. Voire des années. J'ai avalé une gorgée de Sanbittèr pour me remettre. J'ai froncé le nez.

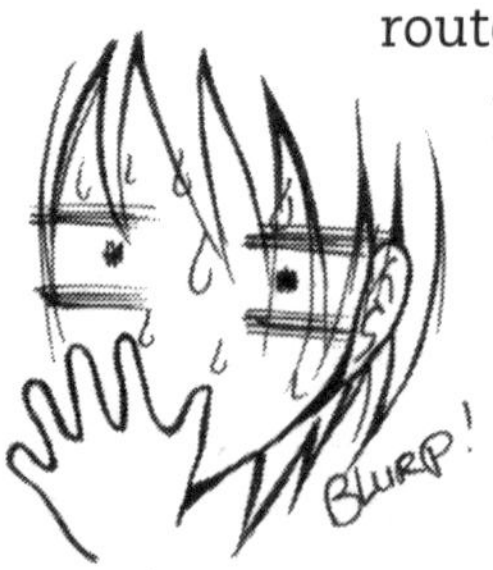

– Un peu amer, n'est-ce pas ? a remarqué Ishiguro-san.

– Ça vous plaît ce truc ? me suis-je étonnée.

– Pourquoi est-ce que j'en boirais sinon ?

Je n'ai pas relevé. J'ai préféré changer de sujet.

– Je peux vous poser une question ?

– Vous pouvez.

– Vous faites quoi comme métier ?

– Pourquoi ?

– Comme ça... Pour savoir...

– Les réponses viennent à qui sait les attendre, a-t-il biaisé. D'ailleurs, il faut que j'y retourne.

– Déjà ? Mais on a à peine eu le temps de discuter.

– Vous trouvez ? J'ai au contraire l'impression qu'on partage beaucoup de choses, a-t-il objecté.

– Je ne sais rien de vous... ai-je continué.

Un sourire énigmatique s'est dessiné sur ses lèvres.

– Il faut laisser du temps au temps, Hatedoro.

Je n'ai pas insisté. Je commençais à être habituée à ses réponses évasives et à ses fuites en avant.

La suite au prochain numéro...

⊙ 4 DÉCEMBRE

Déjeuner familial

Incroyable ! Non seulement nous avons déjeuné en famille, mais mes parents n'avaient pas de train à prendre (au propre et au figuré). J'en ai profité pour m'attaquer au thème qui me faisait flipper depuis jeudi.

– Pourquoi est-ce qu'il n'y a aucune photo de moi bébé dans cette maison ? ai-je demandé en regardant ma mère droit dans les yeux.

Elle est devenue livide. Mon père s'est précipité à sa rescousse :

– Tu es sûre ? Il doit bien y en avoir quelque part.

– Non. Sûre et certaine. J'ai épluché chaque album. J'ai fouillé dans tous les cartons. Aucune photo avant l'anniversaire de mes trois ans.

– Elles ont dû se perdre dans un déménagement, n'est-ce pas Diane ?

– Sûrement, a murmuré ma mère.

– Ben, voyons, ai-je marmonné en triturant ma tranche de gigot.

Ma mère n'a pas relevé. Elle a préféré nous bombarder d'informations inutiles sur la première version du *Concerto pour piano n° 1* de Tchaïkovski. Mon père a feint de s'y intéresser en la mitraillant de questions. S'ils croyaient s'être débarrassés du sujet aussi facilement, ils se trompaient grave. Mais chaque chose en son temps, comme philosopherait Ishiguro-san.

♂ 6 DÉCEMBRE

Game over

J'ai reçu *Heavy Rain**. Ce jeu est démentiel !

☿ 7 DÉCEMBRE

Cantine folklorique

Dès que je l'ai rejoint à notre table, j'ai compris que Samuel était malade. Ses pommettes étaient rouge grenadine et ses yeux brillaient de fièvre.

– Ça va ? me suis-je inquiétée.

– C'est bientôt Noël ! T'imagines ? s'est-il écrié.

Doux Jésus ! J'avais complètement oublié cette stupide fête et la traîne de réunions de famille qui l'accompagne. Malheureusement Samuel était là pour me la rappeler. Quinze jours à l'avance !

Samuel n'était pas malade. Samuel était surexcité. Il adore Noël. Pourquoi ? Parce qu'il est… lui !

– T'as réfléchi aux cadeaux que t'allais offrir ?

– Pas vraiment, ai-je répondu en attaquant mon premier yaourt anti-GP.

– Moi si ! Cette année, j'ai une super idée pour ton cadeau, a-t-il lancé d'un ton se voulant mystérieux.

Suspense, suspense. Chaque année, Sammy m'offre les premiers tomes d'un shôjo*.

Parce que, selon lui, j'achète tellement de shônens* et de seinens* qu'il risquerait de tomber sur des mangas que j'ai déjà.

D'après moi, parce qu'il peut me les emprunter après et qu'il adore ces histoires avec lancers de pétales de cerisier, cheveux flottant au vent et regards enamourés (je les lis pour ne pas lui faire de peine).

Après *Elle et lui** et *Tôkyô Mew Mew**, je me demande ce qu'il me réserve cette année.

– J'ai hâte de courir les magasins avec toi, a-t-il cru bon d'ajouter. Tu veux qu'on y aille quand ?

Samuel ne sort jamais à l'improviste. Samuel prend des rendez-vous. Samuel n'a pas le choix. Samuel doit obtenir l'autorisation d'Inukaï.

Résultat, ma technique anti-sorties « Désolée, je ne suis pas libre. C'est idiot, si tu m'en avais parlé avant... » est inadaptée.

Résultat bis, chaque Noël, je suis obligée de me traîner dans les grands magasins aux jours de pointe avec un Samuel en état avancé d'exaltation.

– Attends ! ai-je lancé en attrapant mon portable pour consulter mon agenda (comme s'il regorgeait de rendez-vous méga-importants).

Je tapotais, je tapotais, je tapotais en me creusant les méninges pour y déterrer un bobard plausible qui me permettrait d'échapper à cette corvée.

– Alors ? s'est impatienté Samuel.

– Le 19, ça te va ? ai-je fini par céder.

– Parfait ! m'a-t-il assuré en souriant jusqu'aux yeux. Je le note mentalement.

Super ! Avec un peu de chance, sa note mentale se perdrait au fin fond de son cerveau en ébullition et je pourrais joindre le désagréable au nécessaire : acheter mes cadeaux en même temps que mes fournitures de dessin à la papeterie du coin.

Ce n'était jamais arrivé, mais on pouvait toujours rêver. Après tout c'était bientôt Noël, non ?

♀ 9 DÉCEMBRE

Deuxième soirée de confirmation

Que souhaitaient-ils reconfirmer ? J'ai donné ma langue au pape et j'ai profité de cette deuxième réunion pour réfléchir à mon personnage et à Ishiguro-san. Je ne savais toujours rien de mon mystérieux Japonais. Soudain l'illumination. Et si je me servais de mon personnage principal pour en apprendre un peu plus ?

♄ 10 DÉCEMBRE

Échec et mat

Quand je l'ai retrouvé au café, mon plan était fin prêt. Enfin, c'est ce que je croyais…

– Voilà, j'ai décidé que mon personnage principal serait yakuza, ai-je annoncé à Ishiguro-san en le fixant droit dans les yeux.

Il est demeuré impassible et m'a seulement conseillé :

– Il faudra couvrir son corps de tatouages adaptés.

– Bien sûr, ai-je affirmé.

– Et penser aux doigts coupés.

– Pardon ? ai-je sursauté.

– Si un yakuza enfreint le code d'honneur, pour être pardonné, il doit se couper le petit doigt et l'offrir à son chef, l'Oyabun*, m'a-t-il expliqué. S'il renouvelle sa faute, il doit recommencer avec les autres doigts. Aucun yakuza n'atteint un âge avancé avec tous ses doigts.

J'ai observé ses mains. Aucun doigt coupé ! Je m'étais fourvoyée. Quant au tatouage que j'avais cru apercevoir sur son bras, je n'étais plus sûre de rien et les manches longues de son pull m'empêchaient d'en avoir le cœur net.

En plus, avec mon bluff débile, je me retrouvais avec un yakuza en tant que personnage principal. Comme s'il lisait dans mes pensées, Ishiguro-san a ajouté :

– Il faudra vous documenter car les yakuzas ont un système de fonctionnement très sophistiqué. Je me demande s'il ne serait pas plus intéressant que votre héros ou votre héroïne évolue dans un univers qui vous

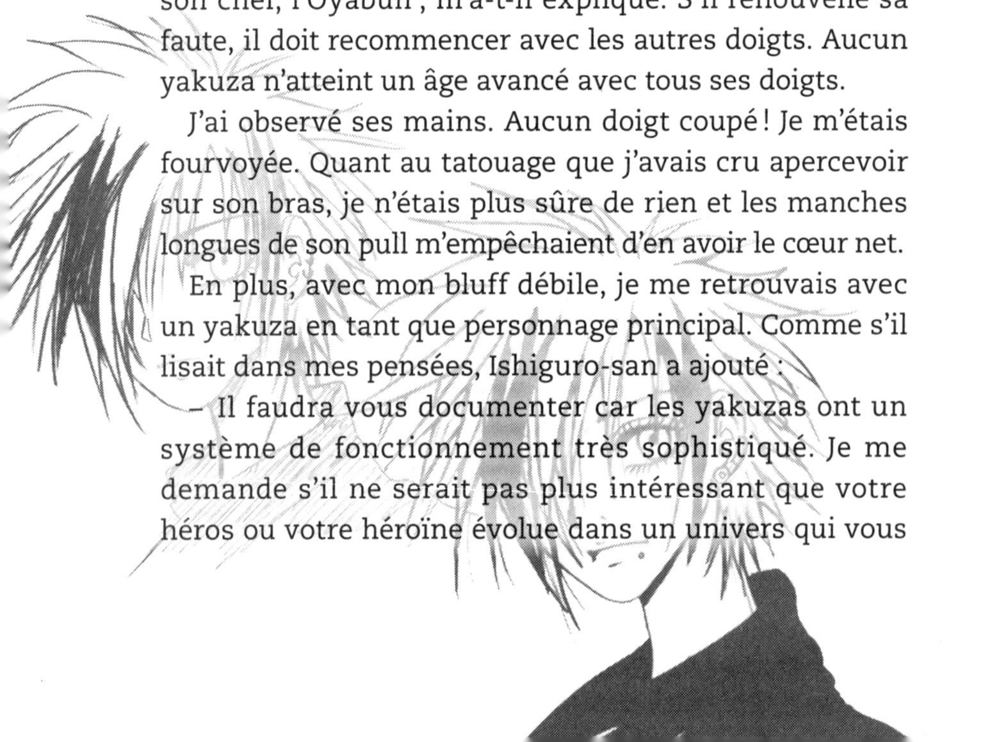

serait plus familier. Votre histoire y gagnerait en sincérité et en profondeur.

– Oui, pourquoi pas ? me suis-je faufilée dans la brèche. Et donc, version féminine, mon personnage pourrait être en classe de troisième et je pourrais raconter ce qui lui arrive au collège.

Ishiguro-san s'est contenté de sourire.

– Et la nuit, une fois garçon, il pourrait devenir justicier ou quelque chose dans ce goût-là, ai-je continué à réfléchir à voix haute.

Ishiguro-san a avalé son café.

– Je pars pour Noël. On se revoit début janvier, m'a-t-il lancé avant de se lever.

Était-ce une question ? Une affirmation ? Une suggestion ? À tout hasard, j'ai préféré acquiescer.

♂ 13 DÉCEMBRE

Piqûre de rappel

J'ai la phobie des aiguilles. Mon médecin l'a indiqué noir sur blanc dans mon carnet de santé. L'infirmière s'en fiche. L'infirmière sort une aiguille de deux mètres cinquante d'un étui en plastique et me l'agite sous le nez. Je m'évanouis. Quand je me réveille, un quart d'heure plus tard, je suis allongée sur un lit.

L'infirmière m'annonce que je suis vaccinée.

Contre plein de trucs.

Les aiguilles sont absentes de la liste.

♀ 16 DÉCEMBRE

Repas de Noël version bahut

Entrée :
assortiment de la mer (un truc à être malade
toutes les vacances) ou assiette de charcuterie
(100 % saucisson 100 % boutons).
*
Plat :
magret de canard (aussi noir que le faux caneton
de l'histoire) et pommes dauphine
(aussi blanches que ses faux frères et sœurs).
*
Fromage :
yaourt arôme indéfini ou camembert bétonné.
*
Dessert :
« bûchette » (trois couleurs au choix : rouge sang,
vert fluo ou noir charbon).

Je me suis offert un yaourt de rab pour fêter ça !

Winter Wonderland, Radiohead

Toujours décembre
VACANCES ENGUIRLANDÉES

♄ 17 DÉCEMBRE

À vos marques...

Je déclare les vacances de Noël officiellement ouvertes !

☉ 18 DÉCEMBRE

Prêts...

J'étais prête à me lancer dans les courses. J'ai téléphoné à Samuel. Il m'a expliqué qu'il déjeunait chez ses grands-parents et ne serait donc pas libre cet aprèm. Je l'ai prévenu : demain serait un autre jour.

☽ 19 DÉCEMBRE

Raté !

Aujourd'hui est un autre jour. Je ne suis plus prête. Je n'ai aucune envie de quitter ma chambre. Je subis une crise « rainures de parquet ». Samuel a accepté (après moult soupirs et un laissez-passer délivré par Inukaï) de remettre notre virée à demain.

Dans l'après-midi, j'ai réalisé que je n'avais pas prévu de cadeau pour Ishiguro-san. Devais-je lui offrir quelque chose ? J'hésitais.

POUR	CONTRE
S'IL A PRÉVU UN CADEAU POUR MOI JE SERAI MAL SI JE N'AI RIEN.	S'IL N'A RIEN PRÉVU POUR MOI, JE RISQUE DE ME RIDICULISER EN LUI OFFRANT QUELQUE CHOSE.
UN CADEAU FAIT TOUJOURS PLAISIR.	JE NE LE CONNAIS PAS ET N'AI AUCUNE IDÉE DE CADEAU.
CE SERAIT UN MOYEN SUBTIL DE LUI MONTRER QUE J'APPRÉCIE SA COMPAGNIE.	NE RISQUE-T-IL PAS DE TROUVER CE GESTE DÉPLACÉ?
JE POURRAIS AINSI LE REMERCIER POUR SES CONSEILS.	NE RISQUE-T-IL PAS D'ÊTRE GÊNÉ PAR CE SOUDAIN DÉBORDEMENT D'AFFECTION?

Quatre pour/quatre contre.
J'ai lancé une pièce d'un euro en l'air.
Pile = cadeau.
Face = no cadeau.
La pièce est retombée sur face. J'ai changé d'avis.
Face = cadeau.

♂ 20 DÉCEMBRE

Shopping daymare

Départ : Quand Samuel a débarqué à la maison, j'étais dans les starting-blocks. J'avais revêtu ma tenue « spécial grand magasin en hiver » soit : un gros pull (il caille dehors) avec un tee-shirt fin en dessous (grand magasin surpeuplé = fournaise), un jean (base de mon style vestimentaire), des bottes de motard (confort + anti-écrabouillage de doigts de pieds) et mes bagues en argent (vacances).

Arrivée : C'est fini ! Je suis ravie. Sammy aussi. J'ai acheté un foulard saupoudré de notes de musique pour ma mère, un porte-cartes de visite de GCP en cuir marron pour mon père, une épée de pirate en plastique fluorescent pour Leandro (il traverse actuellement une phase *Pirate des Caraïbes*) et rien pour Rosario. Selon elle, c'est aux adultes – traduction : à elle et à mes parents – de faire des cadeaux aux enfants – traduction : à son coração et à moi – et non l'inverse.

Grâce aux points que j'avais accumulés, j'ai dégoté un téléphone portable potable avec carte prépayée pour Sammy (et contre Inukaï). Je n'ai rien trouvé pour Ishiguro-san. Plus j'y pense, plus je penche pour un cadeau graphique.

♃ 22 DÉCEMBRE

Épidémie festive

Leandro est comme Samuel. Il adore Noël.

Leandro est plus jeune que Samuel. Il veut rencontrer le père Noël. Pas le vrai. Il n'y croit plus. Le faux. Celui dont on peut arracher la barbe blanche.

Avec qui ? Son grand copain ès délires (aka moi).

Où ? Mais dans les grands magasins bien sûr !

Fin de la Tournée des pères Noël

Je suis fourbue.

Je suis claquée.

Je suis au bord de l'évaporation.

Leandro m'a traînée (cinq heures non-stop) à la poursuite de tous les pères Noël de la création.

Promis, juré, craché, l'année prochaine, je combine une sortie GM (Grands Magasins) deux en un (Samuel + Leandro).

♀ 23 DÉCEMBRE

Pochette surprise

Mon bulletin est arrivé.

• Une bonne moyenne générale (14/20) = pas de crise de notes familiale.

• De très bons résultats dans mes matières favorites. De très bof dans les autres = pas de bouleversement majeur.

• Un commentaire de Pitbull sur mon tempérament indiscipliné = petit bonus spécial Nativité.

Samuel m'a téléphoné en pleurs. Inukaï a réceptionné son bulletin. Sa moyenne générale est de 6/20. Il est effondré. Elle est enragée. Pour se calmer, Inukaï l'a inscrit à des cours de rattrapage pendant les vacances.

J'ai proposé à Samuel de lui en donner, moi, des cours de rattrapage. Rien que d'imaginer la tête d'Inukaï à cette idée, Samuel a rigolé quelques secondes. Toujours ça de gagné !

♄ 24 DÉCEMBRE

Avis de passage

Cette année, la fête de Noël aura lieu chez nous. Sont invités :

➟ ma grand-mère paternelle alias Vacherin (Vache comme dans peau de vache. Vacherin parce que la température baisse toujours de plusieurs degrés quand elle entre dans une pièce),

➟ mon grand-père paternel,

➟ Antoine, le frère de mon père,

➟ Élisabeth, sa femme de dix-huit ans sa cadette,

➟ et leurs deux enfants (Constant et Astrid).

Édouard, l'autre frère de mon père, sera absent. Il est mort.

Mon grand-père maternel ne pourra pas venir. Il est décédé.

Ma grand-mère maternelle ne pourra pas se joindre à nous. Elle est partie fêter Noël en Polynésie. L'année dernière, elle était aux Bahamas et l'année précédente à l'île Maurice. Question : chercherait-elle à échapper à cette grande et merveilleuse réunion annuelle ?

Préparatifs

Qui dit Noël à la maison, dit sapin dans le salon. Mon père a acheté le plus grand du marché. Ma mère a décidé de le décorer. Avec moi.

Une fois l'opération achevée, je me suis retrouvée les bras couverts de points rouges (piqûres d'épines) et les cheveux gluants plaqués sur le crâne (résine). La prochaine fois, je prétexterai une crise aiguë d'écologisme et militerai pour un mini-sapin en plastique.

Noël (Saison 1 - Épisode 1)

Première fournée : ma tante, son mari et leurs descendants.

Tout le monde s'est extasié devant la nouvelle-née. Tout le monde sauf moi. Il était évident que cette petite chose fripée aux yeux exorbités et à la bouche en cul-de-poule qui hurlait à la mort dans son couffin n'était ni ravissante ni délicieuse.

C'était l'Antéchrist !

Deuxième fournée : Vacherin et son mari.

Ma grand-mère m'a embrassée du bout des lèvres avant de s'écarter pour mieux me jauger.

– Qu'est-ce qui est encore arrivé à tes cheveux ? a-t-elle fini par me balancer en appuyant sur le « encore ».

– Je les ai teints.

– En noir ?

– Non en vert kaki, mais là, avec l'éclairage, on ne perçoit pas bien les nuances, ai-je rétorqué.

Vacherin a levé les yeux au plafond. Ma mère qui venait de nous rejoindre m'a lancé un coup d'œil « ne commence pas ». Je lui ai retourné un regard « c'est pas moi qui ai commencé, c'est elle ». Ma mère a feint de ne pas l'intercepter.

– Et ta peau… a sifflé ma grand-mère. Tu es livide, ma petite. Avec tes cheveux noir corbeau, tu fais presque peur.

– C'est le style Barbara, ai-je tenté sachant qu'elle détestait cette très vieille (et très morte) chanteuse que ma mère, elle, adore (CQFD).

– La chanteuse ? Tu veux devenir chanteuse ? a sursauté ma grand-mère.

– Non, mangaka !

– Mangue à quoi ?

– Dessinatrice de mangas. Tu sais, les BD japonaises, ai-je précisé en affichant un air angélique.

Vacherin ne connaissait pas. Mais elle était déjà persuadée d'une chose, elle n'appréciait pas. Elle s'est retournée vers ma mère et a commenté d'une voix pincée :

– Décidément, l'art est contagieux dans votre famille !

Ma mère a viré cramoisie (signe chez elle d'ébullition et non de gêne). J'en ai profité pour m'éclipser. Au tour de ma mère de bénéficier des commentaires piquants de sa « charmante » belle-mère.

Noël (Saison 1 - Épisode 26)

J'étais planquée dans les toilettes depuis une demi-heure, mon ordinateur en équilibre précaire sur les cuisses, quand quelqu'un a frappé à la porte.

– Théo, sors de là ! m'a ordonné ma mère.

– Il y a des toilettes en bas.

– Merci pour le renseignement. Je vis moi aussi dans cette maison, je te signale.

Première nouvelle. Je la voyais si peu que je pensais qu'elle avait emménagé ailleurs. Je me suis tue. Après tout, c'était Noël !

– Dépêche-toi ! On va ouvrir les cadeaux.

J'ai soupiré, sauvegardé mon fichier, fermé mon ordi et tiré la chasse (pour la petite note de réalisme).

Bilan cadeaux

Élisabeth n'a pas manqué à ses habitudes. Elle m'a offert un ITR (Improbable Truc Rose). Sous prétexte que lorsque j'étais enfant (il y a très très longtemps, mais, comme elle le répète à loisir, elle ne voit pas le temps passer) je faisais une fixette sur cette couleur, ma tante (plus gaga que tata, y a pas) m'offre chaque année un ITR. Après l'incroyable écharpe rose à paillettes, le délirant carnet rose fuchsia à pois et les inénarrables lunettes de soleil à verres rosés, cette année j'ai eu droit à l'importable pull en angora rose !

J'ai balbutié un vague merci avant de m'attaquer au désastre suivant. Quand j'ai ouvert l'enveloppe que Vacherin m'avait remise, j'ai failli avoir une crise cardiaque. Incroyable ! Un vrai cadeau ! J'en revenais à peine. Mes grands-parents s'étaient fendus d'un chèque de cent euros !

– Comme j'en ai informé ta mère, j'exige que tu me téléphones avant de dilapider cet argent. Tu as l'interdiction de le dépenser sans avoir préalablement obtenu mon feu vert, a précisé le tyran aux cheveux blancs.

La joie a déserté mon cœur. Elle s'était servie de cet appât pour m'obliger à lui téléphoner. Ce à quoi je ne me résigne que contrainte et forcée. C'est-à-dire jamais.

Quelques minutes après son départ, une pensée démoniaque m'a submergée. Qu'est-ce que je risquais à ne pas céder aux exigences de mon oppresseur ? Ne plus jamais avoir le déplaisir de le revoir ?

⊙ 25 DÉCEMBRE

Noël (Saison 2)

Mes parents ne se sont pas foulés. Eux aussi m'ont offert de l'argent plutôt qu'un vrai cadeau.

Conclusion, je suis riche.

Conclusion bis, personne ne s'intéresse à moi. Personne ne connaît mes goûts. Tout le monde s'en fout !

Surprise ! Samuel m'a offert les premiers tomes de *Paradise Kiss**. Dès qu'il est parti, j'ai consulté le résumé de ce shôjo sur le Net. « La très sérieuse lycéenne Yukari n'a qu'une obsession : réussir son entrée à l'université. Son assiduité aux études n'a d'égale que sa phobie excessive des gens. Aussi, quand un garçon tente de l'aborder, puis qu'un travesti lui barre la route, elle s'effraie au point qu'elle s'évanouit. » Du vrai, du pur, du lourd !

Rosario m'a offert le dernier *Muse*. Cette divine créature lirait-elle dans mes pensées ou son coração l'aurait-il aidée ? Peu importe. Seul le résultat compte !

Leandro m'a offert un parfum pour fille.

Avantage : il sait que j'en suis une. Je n'aurai donc pas besoin de lui apprendre l'atroce vérité le jour de ses dix-huit ans et de voir la déception se peindre sur son visage.

Inconvénient : je vais sentir la cocotte toute l'année.

Quant à mes cadeaux, mes parents, Samuel et Leandro étaient ravis. Rosario aussi. Puisque j'avais eu la « gentillesse » de respecter ses « convictions noëliennes ». Traduction : de ne rien lui offrir.

Je n'ai qu'une chose à déclarer : je suis douée, je suis généreuse, je suis un… ange !

♂ 27 DÉCEMBRE

Généalogie mangakesque

J'ai passé la journée à semer mon arbre généalogique. La pousse achevée, j'ai analysé le résultat. Question dessins, j'étais plutôt satisfaite. Question famille, j'étais grave plantée.

Première constatation : la moyenne d'âge était effrayamment élevée.

Deuxième constatation : la crise démographique, ça les dépassait. Encore une ou deux générations et notre famille aurait entièrement disparu.

J'ai repensé aux photos volatilisées et les écailles me sont tombées des yeux. J'étais une enfant adoptée !

Tout collait. L'indifférence de mes parents, mes problèmes relationnels avec ma famille, mon mal-être... Voilà pourquoi j'avais l'impression de n'être à ma place nulle part. Les pièces du puzzle s'emboîtaient à la perfection.

Le plus drôle c'est que, chemin trottinant, cette idée me plaisait assez...

♄ 31 DÉCEMBRE

SMS à la chaîne

À compter de minuit, les SMS de vœux se sont enchaînés. Délirant ! Même des gens comme Monster se sentaient obligés de se fendre d'un message. Je n'ai répondu à aucun. Je ne suis pas superstitieuse, moi !

Vers deux heures, j'ai été tirée de mon sommeil par un retardataire :

> De 06 ...
>
> Message n° 1/43
>
> ---
>
> Fructueuse et merveilleuse
> année, très chère Hatedoro.
> Votre ami du samedi.

Je l'ai relu trois fois, j'ai mis un temps fou à rédiger une réponse potable et me suis rendormie le sourire aux lèvres.

Trois heures plus tard, je me suis réveillée en sursaut. Comment avait-il obtenu mon numéro de portable ? Était-il de mèche avec quelqu'un ?

Je n'ai plus fermé l'œil de la nuit.

***Big Jet Plane*, Angus & Julia Stone**

Janvier

MOIS DE L'AMITIÉ

1er JANVIER

La journée spéciale baisers est enfin achevée. Ouf!

10 heures. Ma mère m'a embrassée en me souhaitant tout le bonheur du monde pour cette nouvelle année.

11 heures. Mon père a déposé un baiser sur mon front avant de s'enfuir dans son bureau en oubliant ses vœux.

15 heures. Leandro m'a collé un bisou poisseux 100 % Carambar sur la joue avant de s'auto-souhaiter de m'écraser aux jeux vidéo.

16 heures. Rosario m'a serrée dans ses bras et m'a embrassée quatre fois, en répétant tel un mantra « Bonne santé, bonne santé, bonne santé… » d'un ton larmoyant. Flippant!

Prise de court

Je pensais que le carrousel des embrassades était fermé quand Samuel a débarqué. À 18 heures. Je l'ai suivi sous le gui en traînant les pieds, j'ai tendu ma joue pour la centième fois de la journée et là… Horreur!

Les lèvres de Samuel ont dévié de la trajectoire prévue et il m'a embrassée sur… la bouche. Croyant à une erreur de visée de sa part, j'ai effectué un subtil déplacement sur la droite. Les lèvres de Samuel ont suivi le mouvement et sa langue en a profité pour tenter une intrusion. J'ai serré les dents et l'ai repoussé en arrière de toutes mes forces.

Samuel est tombé par terre. Alors que je me penchais pour l'aider à se relever, il a bondi sur ses pieds à une vitesse intersidérale et s'est enfui de la maison en courant.

☽ 2 JANVIER

Prise de tête

Qu'est-ce que je fais ? Je lui téléphone pour en parler ? Je fais comme si de rien n'était ?

♂ 3 JANVIER

Fuite en avant

Toujours aucune nouvelle de Sam ! J'ai déposé cinq messages sur la boîte vocale de son nouveau portable.

Le premier pour m'excuser de l'avoir bousculé.

Le deuxième pour lui confirmer que j'étais sincèrement désolée.

Le troisième pour exiger des explications quant à son soudain mutisme.

Le quatrième pour l'engueuler (c'était quand même lui qui s'était jeté sur moi sans préavis).

Le cinquième pour annuler mon message précédent.

Refusait-il de me parler ou ne savait-il toujours pas se servir d'un portable ? Après tout, c'était son premier, ai-je tenté de me rassurer. Effet zéro. Cette histoire continuait d'empoisonner mes pensées.

Pour les noyer, je me suis attelée au dessin que j'avais prévu d'offrir à mon ami du samedi.

Même si je n'y connais rien en peinture, pour réaliser ce dessin je me suis inspirée d'un tableau d'Edward Hopper qui figurait sur le calendrier que mon papetier/fournisseur de matos à dessin m'a offert l'année précédente.

Déjà à l'époque, il m'avait marquée et je ne sais pas pourquoi mais, depuis que nos rendez-vous « clandestins » au *Clair de Lune* ont débuté, je n'arrête pas d'y penser.

☿ 4 JANVIER

Invisible

J'ai croisé Samuel dans la cour. Il ne m'a pas calculée. Peut-être ne m'avait-il pas vue ?

♃ 5 JANVIER

Abonnés absents

Cette fois, j'en suis sûre. Samuel m'évite. Hier déjà il avait déserté la cantine. Aujourd'hui il s'est carrément installé à une autre table. Qu'est-ce que c'est que ce délire ? Je n'y suis pour rien, moi. Je lui ai même présenté des excuses. C'est lui qui a tout gâché en m'embrassant. Je suis tellement furieuse que j'ai décidé de ne plus jamais lui adresser la parole.

♀ 6 JANVIER

Épiphanie

J'ai tenté le tout pour le tout. Je me suis servi une part de galette des rois et me suis forcée à avaler ce morceau d'éponge insipide. Pourquoi ? Pour rien ! Pas l'ombre d'une fève. Alors que je déposais mon plateau sous les yeux attentifs du GP, Monster a poussé un hurlement de joie depuis sa table et s'est exclamé : « I'm the king of the world ! ».

Un vrai malade !

La malédiction m'a poursuivie. Rosario nous avait concocté une délicieuse galette pour le goûter. Qui a eu la fève ? Leandro bien sûr ! Dès qu'il l'a aperçue, il est monté sur sa chaise et a hurlé : « Je suis le roi du monde ! » Je suis entourée d'aliénés…

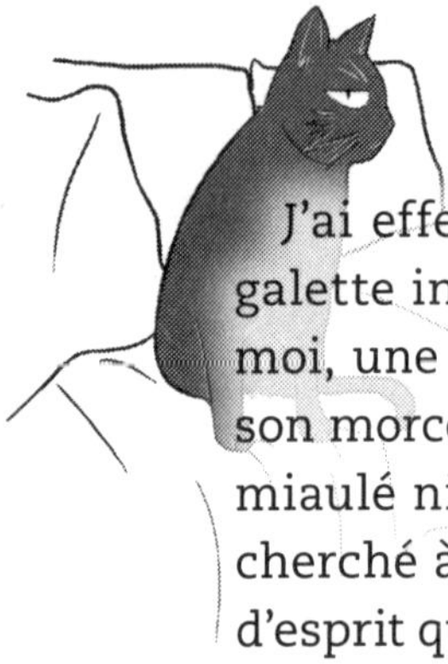

J'ai effectué une dernière tentative. J'ai partagé une galette individuelle avec Kyô. Les sept-huitièmes pour moi, une minuscule part pour lui. Après avoir englouti son morceau, Kyô a dégluti et recraché… la fève. Il n'a ni miaulé ni hurlé. Il m'a juste regardée comme si j'avais cherché à l'empoisonner. Mon chat est le seul être sain d'esprit que je connaisse !

♄ 7 JANVIER

Clair de Lune

J'étais si contente de le revoir, il m'avait tellement manqué, que je ne sais pas ce qui m'a pris, mais je me suis jetée sur lui pour l'embrasser. Le temps que je réalise ce que j'avais fait, il était déjà trop tard. Je me suis assise face à lui sans oser le regarder. Je n'ai relevé la tête que lorsqu'il m'a tendu deux petits paquets.

Dans le premier, il avait glissé un origami en forme de souris. Je lui ai lancé un regard étonné.

– Pour Kyô, a-t-il observé.

J'ai ouvert le deuxième paquet. Ishiguro-san m'avait offert un magnifique sceau gravé dans de la corne. Je l'ai trempé dans le petit pot d'encre rouge qu'il y avait joint et l'ai apposé au bas de la première page de mon bloc à dessins.

– Les deux premiers kanjis* se prononcent « hate ». Cela signifie la fin, l'extrémité, la limite mais aussi le résultat, m'a-t-il expliqué. Le dernier kanji, « doro », signifie la boue, la vase.

– Oh, ai-je marmonné, déçue.

– Eh oui ! C'est le problème avec les anagrammes, a-t-il rigolé. Savez-vous ce que votre nom de mangaka m'évoque ?

– Non.

– Le golem, a-t-il affirmé.

– Le golem ? ai-je sursauté, ce terme me renvoyant à une horrible créature que j'avais rencontrée autrefois dans *Gothic II**.

– Oui. Littéralement, Hatedoro signifie « le résultat de la boue ». Le golem est un être fait d'argile. Au départ, il est inachevé, à l'état d'ébauche. Il ne prend vie qu'après l'apposition du mot « Emet » sur son front.

– Ça signifie quoi Emet ?

– La vérité ou le sceau de Dieu. « Je n'étais qu'un golem et tes yeux m'ont vu », a-t-il alors cité. *Livre des Psaumes*. Chapitre 139, verset 16.

J'ai sursauté. À nouveau. Un Japonais imprégné de chrétienté. Nous étions faits pour nous rencontrer !

– Et le serpent, c'est pour quoi ? l'ai-je interrogé.

– Il ne s'agit pas d'un serpent, mais d'une *unagi*, une anguille en japonais. Un des plus étranges et délicats animaux de la création. De plus, sa chair est délicieuse, a-t-il murmuré en souriant d'un air malicieux.

J'ai rougi et n'ai plus posé de questions. Je me suis contentée de lui tendre mon cadeau. Heureusement que j'avais préparé quelque chose. J'étais gênée cependant. Le mien faisait pâle figure à côté du sien. Ishiguro-san a sorti mon dessin de sa pochette et l'a observé avec attention.

– Magnifique ! Tout en émotion rentrée. Je suis extrêmement touché. *Dômo arigatô gozaimasu*[1], Hatcdoro !

– Attendez ! me suis-je écriée alors qu'il s'apprêtait à remettre le dessin dans sa pochette pour ne pas l'abîmer.

J'ai attrapé la feuille et j'ai apposé mon sceau en bas à gauche[2]. Les yeux d'Ishiguro-san se sont illuminés. Je ne savais plus quoi ajouter alors j'ai commandé un thé. Il m'a imitée et nous avons dégusté notre boisson en silence.

Tandis qu'il se levait pour s'enfuir travailler, je lui ai lancé :

– Au fait, comment vous avez trouvé mon numéro de portable ?

– Il était inscrit sur la première page de votre bloc. Je l'avais noté. Au cas où, m'a-t-il expliqué avant de se pencher vers moi et d'effleurer ma joue de sa main.

Après son départ, je suis restée assise à la même place pendant des heures. Je n'ai pas vu le temps passer. Comme la femme solitaire du tableau d'Edward Hopper.

1. Merci beaucoup.
2. Comme le font traditionnellement les calligraphes japonais, une fois leur œuvre achevée.

☽ 9 JANVIER

Préparation à la confirmation

Encore une réunion de préparation. Vivement que cette confirmation ait lieu pour qu'on arrête de nous y préparer !

☿ 11 JANVIER

Sang-froid

J'ai croisé Samuel dans la cour. Je lui ai lancé un regard glacial.

Inutile.

Il n'a pas daigné me jeter un seul coup d'œil.

♀ 13 JANVIER

Perturbations

Je n'arrive pas à travailler.

Je ne parviens pas à dessiner.

Je suis incapable de me concentrer sur quoi que ce soit d'autre que cette histoire avec Samuel.

♄ 14 JANVIER

Deux en un

– Est-ce que nous sommes amis ? ai-je interrogé Ishiguro-san.

– C'est une drôle de question, a-t-il observé sans me répondre.

J'étais d'accord avec lui. Mais si je la lui avais posée, c'était surtout par rapport à ce qui s'était passé avec Sammy. Je souhaitais connaître son opinion. Je lui ai donc relaté l'incident.

– Hum… a réfléchi Ishiguro-san. Vous avez réagi impulsivement.

– Je n'aurais pas dû, ai-je affirmé.

– Il est évident que vous avez blessé votre ami. Mais vous vous êtes excusée, a-t-il nuancé. Vous avez écouté votre cœur et vous avez été franche avec lui. Vous ne l'avez pas trompé sur vos sentiments.

Je l'ai dévisagé, sidérée. Un peu plus et il me remettait les félicitations du jury.

– Je n'ai pas agi par gentillesse. Samuel est mon meilleur ami. Point barre, ai-je objecté.

– Et je suis certain qu'il le sait. Vous auriez pu agir plus en douceur, seulement ce n'est pas dans votre tempérament. Vous êtes excessive.

– C'est nul ! me suis-je exclamée.

– C'est vous ! a-t-il rigolé. Et je pense que votre ami vous connaît assez pour prendre certaines de vos réactions avec du recul.

– N'empêche qu'il boude depuis quinze jours !

– Il est déçu. Vous devriez lui parler.

– Mais il m'évite comme la peste.

– Insistez !

– Vous pensez qu'il est possible que notre relation redevienne ce qu'elle était ?

– Je ne sais pas, a-t-il reconnu avant de me balancer sa phrase fétiche. Il faut laisser le temps au temps.

Je n'étais pas tellement plus avancée, mais ça m'avait rassurée d'en discuter. J'avais confiance en lui. N'était-ce pas la première pierre d'une amitié ?

☽ 16 JANVIER

Drapeau blanc

J'ai craqué. J'ai attendu Samuel à la sortie des cours et, dès qu'il a surgi du bâtiment, je me suis précipitée vers lui. Il a tenté de m'éviter en déviant sa trajectoire, mais j'ai attrapé son bras pour le retenir.

– Qu'est-ce qui te prend ? s'est-il récrié.

– J'espérais qu'on pourrait parler…

– Je n'ai rien à te dire, m'a-t-il rabrouée en essayant de se dégager.

J'ai resserré ma prise.

– Moi si. On va boire un pot ? Je t'invite.

– Tu sais bien que ma mère m'attend à la sortie.

– Plus tard dans la soirée si tu préfères ? ai-je tenté en adoucissant ma voix.

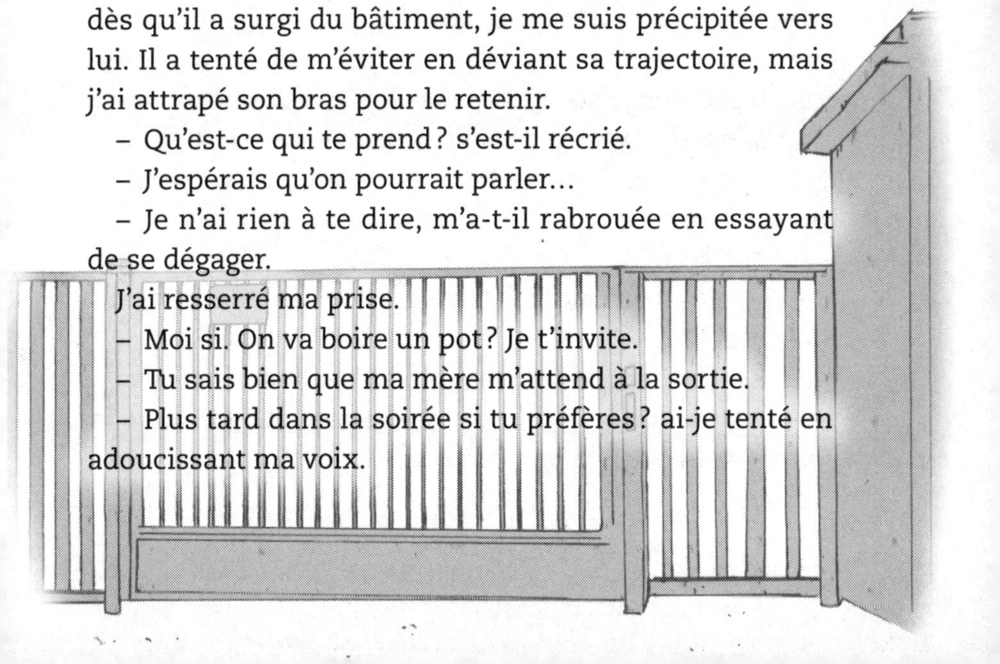

– En pleine semaine ? Ma mère ne voudra jamais ! a protesté Samuel.

– Samedi aprèm alors ? ai-je proposé.

– Je croyais que tu voyais ta psy les samedis après-midi.

– Non. Enfin, si. Enfin… J'ai rendez-vous avec quelqu'un, me suis-je embourbée. Il comprendra si je ne suis pas là.

– Quelqu'un ? Tu ne vas plus chez ta psy ?

– Euh… non. Depuis longtemps, lui ai-je avoué. C'est une drôle d'histoire. Je te la raconterai samedi.

– Hum… a hésité Samuel.

– Écoute, au sujet de l'autre jour, je suis sincèrement désolée. Je ne voulais pas te blesser, je… Tu es mon meilleur ami, Sam.

Je ne savais plus quoi ajouter. Il sait que les histoires d'amour et les baisers langoureux, ce n'est pas mon truc. Il sait que je suis incapable de tomber amoureuse.

Le silence devenait pesant, mais je me refusais toujours à le lâcher. Heureusement, il a fini par le briser en murmurant :

– Je sais.

– Tu veux bien alors ? Boire un pot ? Samedi aprèm ? Avec moi ?

Samuel ne répondant pas, j'ai cédé et libéré son bras.

– Je demande à ma mère et je t'envoie un SMS dans la soirée, m'a-t-il lancé en partant.

Work in progress

Samuel sait se servir d'un portable…

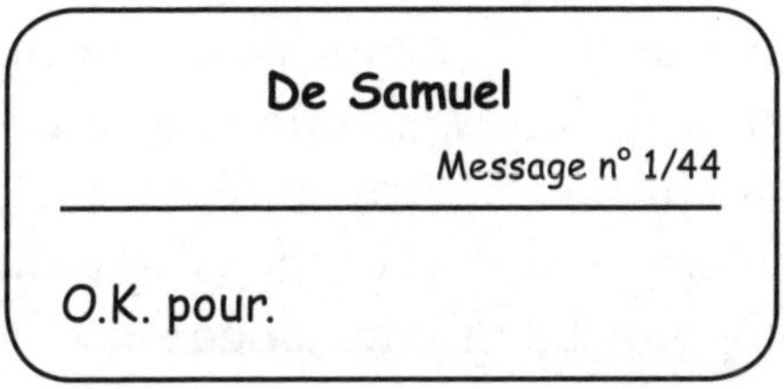

enfin presque.

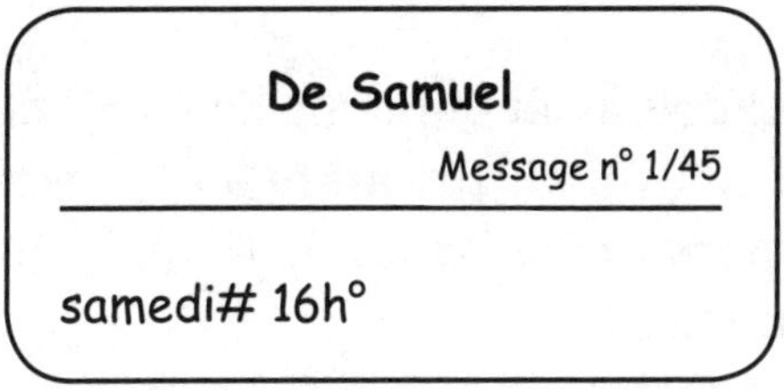

♃ 19 JANVIER

Rencontre parents-professeurs

Mes parents n'ayant pas pu se libérer, Mam les a remplacés au pied levé. Maintenant c'est certain, tout le monde au collège est persuadé que Rosario est ma mère. Le pire est qu'ils ont peut-être raison !

♄ 21 JANVIER

Pot de l'amitié

Comme prévu, Sam et moi nous sommes retrouvés à 16 heures au café à côté de chez lui. Nous avons parlé. Longtemps. Je lui ai raconté ma rencontre avec Ishiguro-san, nos rendez-vous, nos discussions. Quand j'ai eu terminé, Samuel m'a demandé :

– Tu es amoureuse de lui ?

– D'Ishiguro-san ? Tu délires ? Il a au moins cent ans !

– Tu n'as pas répondu à ma question, a remarqué Samuel.

– En fait, il doit avoir le même âge que mon père. Ou un peu plus. Mais pour répondre à ta question, non, je ne suis pas amoureuse de lui. Je tiens à lui. Beaucoup. Mais pas comme ça.

– Comme à moi, alors ?

J'ai hésité et puis j'ai reconnu :

– Oui comme à toi.

Samuel ne pipant plus, j'ai ajouté :

– Je suis désolée, Sam. Tu m'en veux toujours ?

– Je n'ai pas le choix, a-t-il soupiré.

– Comment ça, pas le choix ? me suis-je récriée d'une voix un peu trop aiguë à mon goût.

– Je suis obligé de... te pardonner, a-t-il fini par marmonner. Parce que moi aussi, je tiens à toi.

Avant de partir, Samuel m'a serrée dans ses bras. Je ne l'ai pas repoussé.

♃ 26 JANVIER

Ave Maria

Mes parents ont réussi à libérer deux heures dans leur emploi du temps surchargé pour participer à la réunion d'information sur le lycée Notre-Dame.

Le discours du directeur de cet établissement (un copier-coller de Sainte-Croix) a dû les convaincre puisque, à leur retour, ils m'ont annoncé qu'ils m'inscrivaient là-bas l'année prochaine.

Une seule ! Ils étaient disponibles pour se rendre à une seule réunion cette année et il avait fallu que ça tombe sur celle-là !

♀ 27 JANVIER

À l'abordage !

J'y ai réfléchi (pendant la journée) et j'ai attendu (toute la soirée) le retour de mes parents pour les informer. Il était hors de question que j'aille à Notre-Dame !

Pourquoi ? Parce que je ne croyais pas en Dieu. Voilà le seul argument avouable que j'avais réussi à déterrer parmi la masse de ceux qui avaient recouvert spontanément mon esprit (changer d'air, pouvoir m'habiller comme je le souhaitais, ne plus jamais entendre parler de multiplication des petits pains...).

– La foi n'a rien à voir, m'a aussitôt contredit ma mère. C'est une question de qualité d'établissement.

– Et d'élèves, a renchéri mon père.

– N'importe quoi ! me suis-je exclamée. Les élèves ne sont ni plus civilisés ni plus intelligents là-bas qu'ailleurs. De toute façon, je ne peux plus supporter les cours de caté.

– Théodora. Ne commence pas... a soupiré ma mère.

– Je n'irai pas ! me suis-je entêtée.

– Tu iras ! a rétorqué mon père.

– Plutôt mourir ! leur ai-je lancé avant de quitter la pièce non sans avoir préalablement claqué la porte.

Mes parents ne sont jamais d'accord sur rien. À une exception près : me pourrir l'existence.

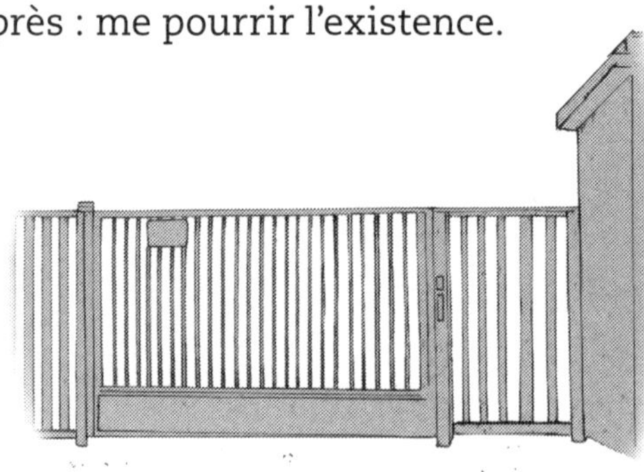

♄ 28 JANVIER

Tout et rien

Ishiguro-san et moi nous sommes retrouvés au café. Comme d'habitude. Nous avons parlé. Un peu. De tout et de rien. Surtout de rien. Et ça m'a fait du bien.

⊙ 29 JANVIER

Poker tour

Minuit. Mes parents étant en train de se disputer, j'ai profité de l'ambiance délétère qui régnait dans le salon pour les y rejoindre.

– Nous en avons déjà discuté, s'est agacé mon père dès que j'ai relancé le sujet lycée.

– Oui, mais nous ne sommes toujours pas parvenus à un accord, ai-je plaidé.

– Je n'ai pas à transiger avec toi, Théodora. Tu es ma fille. Pas un client !

– Notre fille, a relevé ma mère. Ton père et moi voulons seulement ce qu'il y a de mieux pour toi, tu sais.

– Un prof a évoqué Nicolas-de-Staël et j'avais pensé... enfin tant pis... ai-je soufflé en abattant ma dernière carte.

En entendant le nom de ce lycée renommé, mon père n'a pas pu s'empêcher de m'interroger :

– Un prof t'a parlé de Nicolas-de-Staël ?

– Ouais, ai-je menti en bénissant le ciel (et Dieu au cas où) que mes parents n'aient pas pu se rendre à la dernière réunion parents-profs.

– Il pense que tu pourrais y entrer ?

– Peut-être, ai-je louvoyé.

Mon père hésitait. Lycée à grandes écoles versus lycée à enfants de chœur. Son cœur pétri d'ambition paternelle balançait. Il a fini par céder :

– Laisse-nous y réfléchir !

J'ai réprimé un sourire. Mon bluff fonctionnait. Pour l'instant...

♂ 31 JANVIER

Vœux pieux

J'ai dressé la liste de mes résolutions pour cette nouvelle année avec quelques jours de retard (trente et un pour être précise).

- Avancer dans mon projet manga.
- En avoir le cœur net sur cette histoire d'adoption.
- En apprendre un peu plus sur Ishiguro-san.
- Faire en sorte que ma relation avec Sammy redevienne « normale » (si tant est qu'elle l'ait jamais été).
- Mettre ma stratégie lycée public à exécution.
- Arrêter de me ronger les ongles.
- Ne pas me laisser emmerder par des cons.

Après relecture, j'ai eu le sentiment qu'il s'agissait plus d'un lancer de vœux que de véritables résolutions !

Human, The Killers

Février

MOIS À PORTER PLUSIEURS VÊTEMENTS : Premières couches

☿ 1er FÉVRIER

Piège manga

Leandro s'est penché vers moi alors que je révisais mes cours de latin pour l'interro de vendredi.

– C'est bizarre comme histoire, m'a-t-il interrompue en agitant un manga sous mon nez.

J'ai lu le titre. Merde ! Leandro avait emprunté mon ecchi* sans que je m'en rende compte. Les cours d'éducation sexuelle que nous avions subis au collège tenant plutôt de conférences médicales mâtinées d'envolées lyriques sur la contraception, j'avais acheté ce manga pour en savoir un peu plus sur le sujet et évidemment, il avait fallu que Leandro tombe dessus.

– Hum… ai-je marmonné, ne sachant pas trop ce que Leandro savait ou pas.

– Pourquoi est-ce qu'ils passent leur temps à faire l'amour ? a-t-il poursuivi.

Bon, il était déjà au courant de l'essentiel. Quant au reste, je flottais moi aussi en plein brouillard. Dès qu'ils se voyaient, les deux héros se jetaient l'un sur l'autre en s'arrachant leurs vêtements et se retrouvaient régulièrement dans des situations et des positions abracadabrantes. Pourquoi passaient-ils leur temps à coucher ensemble ? Je n'en avais pas la moindre idée.

– Parce qu'ils s'aiment ! ai-je fini par lancer.

– Eh ben, ils s'aiment beaucoup alors ! s'est étonné Leandro.

Que pouvais-je répondre à ça ?

– Ouais, sûrement… Euh… Tu veux faire une partie de *Tales of** avec moi ? lui ai-je proposé.

– Génial ! s'est-il écrié en abandonnant sur mon lit le tendancieux manga que je me suis empressée de ranger à l'ombre des mains baladeuses et des regards indiscrets.

♄ 4 FÉVRIER

Statu Quo

Après que je me suis installée face à lui, Ishiguro-san m'a lancé :

– Alors votre manga, il avance ?

– Euh, non, pas vraiment.

Doux euphémisme. Je n'y avais pas réfléchi depuis des lustres.

– Ah… s'est-il contenté de marmonner.

Je l'ai observé. J'étais incapable de déterminer s'il était déçu ou non.

– Vous avez des enfants ? l'ai-je questionné pour changer de sujet.

– Non… Malheureusement.

Une réponse claire et nette. Sans circonvolutions. Je me suis glissée par l'entrebâillement de cette porte qu'il allait bientôt me refermer au nez :

– Vous n'avez jamais été marié ?

– Une fois. Au Japon. Il y a très longtemps…

– Et ? ai-je insisté.
– Nous avons divorcé.
– Ah… ai-je balbutié à mon tour.
J'ai avalé une gorgée de thé. Je mourais d'envie de lui demander pourquoi mais je n'ai pas osé.
– Vous vivez avec quelqu'un ? ai-je cependant tenté.
Ishiguro-san a souri sans me répondre. La porte était close. Je n'ai pas insisté. Je n'étais plus si impatiente qu'au début. Tôt ou tard je saurais. J'ai profité du silence apaisant qui nous recouvrait pour rêvasser en sa compagnie.

☿ 8 FÉVRIER

Journée proverbiale

La prof de latin nous a rendu nos devoirs. J'ai décroché un 18/20 ! Incroyable ! Comme quoi le travail paie. Petite cerise sur le boulot : Yukino a plafonné à 16. Comme quoi, tout vient à qui sait attendre.

♃ 9 FÉVRIER

WC & Cie

J'étais enfermée dans une des cabines quand deux filles sont entrées dans les toilettes. Une des voix m'était familière. Toutefois, je ne parvenais pas à accoler un nom à son chuchotement. J'ai tendu l'oreille.

– Moi, je le trouve trop mignon, a-t-elle lancé.

– Attends ! Il est top naze ce type ! s'est récriée l'autre.

(Bruit d'eau qui coule.)

– Pas du tout ! Il est peut-être un peu empoté, mais c'est ce qui fait son charme.

– Il pleure pour un oui ou un non.

– Parce qu'il a une sensibilité à fleur de peau !

(Bruit de savonnage de mains.)

– En plus il est toujours affublé de vieux trucs qui puent la naphtaline, a renchéri l'inconnue.

– Moi, j'apprécie son style désuet. Il n'est pas obsédé par la mode, lui, au moins.

– Pfff... a soufflé son interlocutrice. Je suis sûre qu'il est homo !

– Absolument pas ! s'est offusquée la voix non encore identifiée. Si tu voyais les regards dont il enveloppe parfois l'autre folle...

– Tu crois qu'ils sortent ensemble ? s'est étonnée miss Mystère qui n'avait pas eu besoin d'interroger sa copine pour savoir qui était la folle en question, tant la réponse semblait évidente.

(Bruit de déroulement d'essuie-mains.)

– Impossible ! Cette fille, enfin si c'en est une – et j'ai des doutes –, est totalement dépourvue de sentiments. Ça saute aux yeux ! Elle est aussi froide et tranchante que de la glace.

(Bruit d'ouverture de porte.)

– Je me demande ce qu'il lui trouve d'ailleurs ! a-t-elle conclu.

(Claquement de porte.)

De qui parlaient-elles ? Je penchais pour Sammy dans le rôle du garçon ultra-sensible et anachronique et moi dans celui de la timbrée congelée. Est-ce que j'étais parano ? Lucide ?

Qui étaient-elles ? Je me suis rhabillée à toute allure, j'ai ouvert ma cabine en quatrième vitesse et me suis précipitée dans le couloir.

Trop tard !

Il était désert.

♄ 11 FÉVRIER

Top Métier

J'ai envoyé un SMS à Ishiguro-san pour le prévenir que je ne pourrais pas le rejoindre au café. Pourquoi ? Parce que le collège avait décidé de nous traîner au salon Top Métier.

Sous prétexte que de plus en plus de « jeunes » (genre nous sommes tous bâtis sur le même modèle) ne savent pas quelle profession ils aimeraient exercer plus tard (genre eux ils avaient découvert leur vocation à trois ans), quelqu'un a eu l'idée délirante de consacrer un salon entier au sujet.

J'ai relu le prospectus qu'on nous avait distribué.

Mangaka ? Y avait pas !

♂ 14 FÉVRIER

Psychose

J'ai flippé comme une malade toute la journée. Le complot de la Saint-Valentin avait encore frappé.

Sur le chemin du collège, impossible d'échapper aux gros cœurs rouges dégoulinants et aux silhouettes enlacées dont les commerçants du quartier (de la boulangerie au fleuriste en passant par le cordonnier et le boucher) avaient affublé leurs vitrines. Seuls les aveugles étaient protégés. Et encore ! Une musique sirupeuse s'échappait parfois d'une boutique pour nous attaquer en traître.

Du coup, j'ai repensé à Sammy. Pourvu que ces débordements romantico-commerciaux ne lui refilent pas de mauvaises idées !

Pièce montée

De retour à la maison, j'ai été soulagée. Pas de SMS. Rien au courrier. Sauvée !

Enfin c'est ce que je croyais. Jusqu'à ce que je pénètre dans ma chambre et que je l'aperçoive. La carte. En évidence sur mon clavier.

J'ai ouvert l'enveloppe du bout des doigts, j'ai réprimé un haut-le-cœur en apercevant la suffocante déclaration centrale et les deux nounours niaiseux affublés de cœurs. J'ai inspiré un grand coup, pris sur moi et lu le mot gribouillé au feutre noir.

C'était quoi ce truc ? Une blague ?

– Ça te plaît ? a interrogé une petite voix derrière moi.

J'ai sursauté. Je ne l'avais pas entendu arriver. J'allais lui balancer mes commentaires, quand un pressentiment m'a retenue. Je me suis contentée de hausser les épaules.

– Alors tu veux bien ?

– Quoi ?

– Ben, m'épouser, a bougonné Leandro.

– C'est toi qui m'as écrit cette carte ?

– Ben qui tu voulais que ce soit d'autre ? a-t-il remarqué.

Il n'avait pas tort. J'étais si soulagée que je ne sais pas ce qui m'a pris, mais j'ai hoché la tête. Leandro est sorti en trombe de ma chambre, a dévalé les escaliers et s'est précipité dans la cuisine en hurlant :

– Maman, Théo elle est d'accord pour m'épouser !

– Tu m'en vois ravie, ai-je entendu ma future belle-mère se réjouir.

☿ 15 FÉVRIER

Enlisement sentimental

Pourquoi ne suis-je pas comme tout le monde ? Pourquoi suis-je incapable de tomber amoureuse ?

Tout le monde tombe amoureux. Mes parents, Leandro, Samuel, des tonnes de filles et de garçons de trois à cent trois ans.

Tout le monde tombe, sauf moi. Je suis en lévitation permanente.

Pourquoi est-ce que les seules choses susceptibles d'ébranler mon cœur sont les mangas, les animes*, les jeux vidéo et le rock ? Est-ce que je suis lesbienne ? Après tout je ne m'intéresse qu'à des trucs de mec et je n'ai aucune amie fille. En plus, quand Sammy a tenté de m'embrasser, je l'ai instinctivement repoussé. J'étais dégoûtée. C'est un signe, non ?

Sauf que les filles ne m'attirent pas plus que les garçons. Alors je suis quoi ? Asexuée ? Sociopathe ? Une version adolescente de Dexter ? Un succédané de Morino* ? Qu'est-ce qui cloche chez moi ?

Tout, ai-je cru entendre ma conscience suggérer.

J'ai attrapé mon crayon pour la réduire au silence.

♃ 16 FÉVRIER

Puisque je ne suis pas foutue d'avoir le moindre sentiment pour qui que ce soit, autant consacrer mon énergie à devenir un grand mangaka !

♀ 17 FÉVRIER

Les vacances d'hiver débutent demain.

Samuel part à la montagne avec Inukaï.

Ma mère se rend une semaine à Bruxelles pour un récital.

Mon père passera probablement l'intégralité de ses journées à son cabinet.

Il ne me reste plus qu'à noyer ma solitude sur le papier…

Otherside, Red Hot Chili Peppers

FICHE D'IDENTITÉ

Mon personnage principal a pris de la consistance. J'ai longtemps cherché une raison justifiant ses brusques changements de sexe et je crois l'avoir trouvée. Cela pourrait être lié à un sentiment puissant, une émotion le dépassant. J'ai nommé : la colère !

J'en ai profité pour établir sa fiche d'identité.

Nom : Hyouri (endroit et envers/double face) Tenshi (ange).
Âge : 15 ans.
Situation : Lycéenne.
Signe particulier : Se transforme en garçon sous l'emprise de la colère.

HYOURI
FILLE
GARÇON en mode VÉNÈRE
HYOURI
fiche personnage

The Healing Room, Sinead O'Connor

Février

VACANCES ARCTIQUES

♄ 18 FÉVRIER

Fausse route

– Hum… pas mal, a marmonné Ishiguro-san en parcourant la fiche d'identité de mon personnage et les quelques ébauches de scènes que j'avais réalisées dans la matinée.

– Mais… l'ai-je devancé.

– … je ne sais pas. Vous me paraissez détachée de votre héroïne. Comme si vous ne ressentiez rien pour elle. De plus, cette histoire de transformation me laisse un peu perplexe.

– Vous ne m'aviez pas dit ça, la dernière fois. Je croyais que mon projet vous plaisait ! l'ai-je coupé.

Il n'a pas daigné répondre. Il a continué à parcourir mon bloc et s'est arrêté sur le dessin me représentant seule au milieu de la foule d'amoureux.

– Celui-ci est excellent. Il est empreint d'un éventail d'émotions. De la colère, de la tristesse, de la tendresse, a commenté Ishiguro-san.

– J'ai croqué cette scène sans réfléchir, ai-je grogné. Elle n'est pas destinée à être montrée.

– Vraiment ? Pourquoi ?

– Elle est trop intime ! me suis-je agacée.

– Pourtant c'est ce vers quoi vous devriez tendre. Vous devriez mettre plus de vous dans votre histoire.

– Pourquoi ? La plupart des mangakas n'agissent pas ainsi. Les CLAMP* ne sont pas capables de lire dans les esprits et n'ont jamais sauvé Tôkyô, que je sache.

– En effet et je n'ai rien contre les mangas fantastiques. Au contraire. Simplement vos dessins me paraissent plus touchants et plus percutants lorsque vous exprimez un sentiment personnel. Mais vous avez raison, ce n'est pas à moi de vous dire ce que vous devez dessiner ou non.

– Damned, je tourne en rond, moi ! J'ai passé un temps fou à construire mon personnage et vous aviez l'air d'apprécier mon idée. Seulement maintenant que vous voyez le résultat, vous êtes déçu. Et plutôt que d'avouer la vérité, vous me sortez des excuses bidon, me suis-je écriée furieuse.

– Quelle vérité ? s'est-il étonné.

– Que je n'y arriverai jamais !

Vu qu'il ne réagissait pas, je lui ai arraché le bloc des mains, j'ai attrapé mon sac et je l'ai planté là.

Au beau milieu du café.

⊙ 19 FÉVRIER

Dead end

Mais pour qui se prenait-il, Ishiguro-san ? Le maestro du dessin ? Le grand manitou du manga ? Il me conseillait de bâtir un projet. Je mettais des semaines à trouver une idée.

Quand je lui en parlais, il semblait convaincu et il m'annonçait deux mois après que mon histoire était artificielle et mes dessins trop impersonnels !

La seule chose qu'il semblait apprécier était les pauvres instantanés que je réalisais à l'occase. Et j'étais censée faire quoi moi avec ça ? Construire une histoire ?

Je n'aurais jamais dû l'écouter. J'étais complètement bloquée et je n'avais même plus envie de dessiner !

20 FÉVRIER

Abonnés absents

Ma mère a appelé de Bruxelles. Je le sais parce que, dans un moment d'égarement, j'ai répondu au téléphone.

– Ça va ma chérie ?

– Ouais.

– Tu ne t'ennuies pas trop toute seule à la maison ?

– Non.

– Tu n'as rien de spécial à me raconter ?

– Non.

– Ton père est là ?

– Il vient de rentrer.

Ma mère ne parlant plus, j'ai raccroché. Quelques secondes après, elle a rappelé. Elle voulait discuter avec mon père. Ils avaient sûrement plein de trucs à se reprocher.

♂ 21 FÉVRIER

Total fiasco

J'ai enfin reçu le vernis contre l'onychophagie (« attitude compulsive consistant à se ronger les ongles » dixit le prospectus) commandé sur Internet. Je l'ai appliqué sur mes trognons. Dix minutes plus tard, j'avais déjà achevé la moitié des ongles de ma main droite. Enfin, la moitié de ceux qui avaient tenté une repousse.

Seule nouveauté : j'ai maintenant un goût atroce dans la bouche et une haleine de chacal !

☿ 22 FÉVRIER

Massacre félin I

J'ai immédiatement reconnu la charpie rose que j'avais sous les yeux. C'était l'ITR de cette année. Kyô n'en avait fait qu'une bouchée. Pour le remercier, je lui ai offert un bol de lait.

♃ 23 FÉVRIER

Massacre félin II

Quand j'ai aperçu les lambeaux fuchsia étalés sur la moquette du salon, j'ai eu un mauvais pressentiment. Le tissu m'était familier...

Je me suis penchée pour ramasser un morceau. Mais oui ! Bien sûr ! Il provenait de l'écharpe en soie préférée de ma mère, enfin l'ex-écharpe. J'ai lancé un coup d'œil au responsable.

Il affichait la mine satisfaite du travailleur zélé. Dès que nos regards se sont croisés, il est venu se frotter contre mes mollets pour réclamer sa récompense lactée.

♀ 24 FÉVRIER

Souricière

Je suis retournée chez le véto. Pas le fou de la dernière fois. Un autre. Je devais trouver une solution pour mettre un terme à la Guerre du Rose.

– Votre chat a un tempérament nerveux, a diagnostiqué la nouvelle blouse blanche. Il a besoin de se défouler.

Je n'avais aucune idée du type d'activité convenant à un minet névrosé. À force de réflexion, je me suis souvenue que j'avais longtemps rêvé de transformer Kyô en authentique chasseur de souris. J'ai donc décidé de reprendre mon dressage là où je l'avais laissé. Au niveau zéro.

J'ai attrapé l'origami offert par Ishiguro-san et l'ai jeté contre le mur. Kyô a soulevé une moustache et m'a dévisagée comme si j'étais folle à lier. Pour qui est-ce que je le prenais ? Un pauvre ramasseur de baballes canin ? Il n'avait pas tort. J'ai donc ajouté une ficelle au papier et l'ai agité sous sa truffe. Kyô a soulevé une patte qu'il s'est empressé de… lécher. Quand je lui ai balancé la souris virtuelle sur la tête, il s'est détourné d'un air excédé et est sorti de ma chambre.

Une heure plus tard, ne le voyant toujours pas réapparaître, je suis descendue dans le salon pour voir ce qui s'y tramait. Kyô avait réussi à choper un des coussins (rose à rayures vertes) du canapé et s'apprêtait à le réduire en pièces. Je le lui ai arraché des pattes. Il a grondé en se hérissant. Je l'ai soudoyé avec une assiette de lait et j'ai profité de sa distraction momentanée pour placer tous les objets roses de la maison hors de sa portée.

Le véto m'a affirmé que les chats ne percevaient que deux couleurs, le rouge et le vert. Lors du prochain rendez-vous, je lui ferai part d'une découverte époustouflante. Certains chats voient également la couleur rose et ils la détestent !

♄ 25 FÉVRIER

Yoyo mental

10 heures. J'y vais. Ishiguro-san n'a pas cherché à me blesser. Il m'a juste offert son avis. C'est moi qui ne supporte pas la moindre critique.

11 heures. Non. Je suis trop embarrassée. La dernière fois, je me suis enfuie comme une furie sans le saluer. Mon comportement est injustifiable.

12 heures. Pourquoi pas ? Tout le monde sait que les artistes sont susceptibles. Si je lui présente mes excuses, il saura me pardonner.

13 heures. Pas question de remettre un pied dans ce café ! Je suis persuadée qu'Ishiguro-san n'a aucune envie de me revoir. Il doit penser que je suis une hystérique.

14 heures. D'un autre côté, il est d'un naturel si zen qu'il a peut-être déjà oublié l'incident.

15 heures. Qu'est-ce que je m'imagine ? Qu'il possède une mémoire de poisson rouge ? Si ça se trouve, il meurt d'envie de m'engueuler !

15 h 30. Non, ce n'est pas son genre. Et puis n'est-ce pas lui qui m'a affirmé que les gens qui me connaissent savent que je suis excessive ?

16 heures. J'ai décoché un croche-pied à mes pensées. Elles ont trébuché et se sont rétamées sur le sol. J'en ai profité pour filer au café.

16 h 45. Je me suis avancée vers lui d'un air gêné. Dès qu'il m'a aperçue, Ishiguro-san a interpellé le serveur pour commander du thé.

– Je suis désolée, lui ai-je lancé en m'asseyant face à lui.

– C'est ma faute. J'aurais dû être plus délicat. Je vous ai blessée et je m'en excuse.

J'ai haussé les épaules. Pour changer de sujet, je lui ai parlé de Kyô et de ma tentative avortée de le transformer en guerrier. Il a éclaté de rire.

– Tous les chats sont différents, m'a-t-il expliqué. Le mien déteste le velours si bien que j'ai été obligé de renoncer à cette matière.

– Vous avez un chat ?

– Oui et cela a toujours été le cas. À l'instar de tous les Japonais, ma mère adorait les chats. Vous l'ignorez peut-être, mais, chez nous, ils sont très appréciés. Ils sont considérés comme des porte-bonheur. Au travers des muneki-neko* notamment. Et de nombreux peintres tels que Hokusai* et Hiroshige* ont mis en scène des chats dans leurs estampes. C'est amusant parce qu'en Europe ils sont plutôt considérés comme maléfiques, surtout quand ils sont noirs.

– Comme Kyô... ai-je constaté.

– On les associe au chiffre neuf, a continué mon encyclopédie préférée. Les sorcières pouvant se changer neuf fois en chat, ces animaux auraient neuf vies et pourraient avoir neuf propriétaires différents, le dernier étant emporté en enfer.

– Hallucinant !

– J'étais certain que ces anecdotes vous plairaient, a-t-il affirmé en me décochant un regard amusé. Bon, je suis désolé, mais je dois repartir travailler.

Déjà ! Parfois, je me demande si cela vaut vraiment le coup de subir trois quarts d'heure de métro pour bénéficier d'à peine dix minutes de conversation avec un vieux Japonais.

– Vous ne m'en voulez plus ? ai-je préféré vérifier avant qu'il ne se volatilise à nouveau.

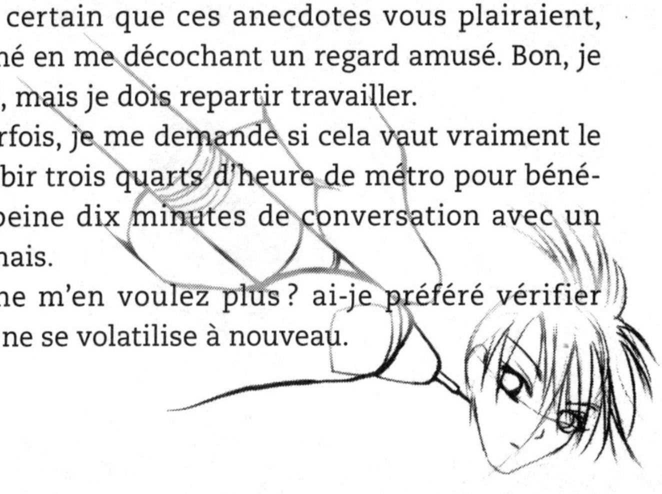

– Je ne vous en ai jamais tenu rigueur, Hatedoro, m'a-t-il assuré en appuyant sur le nom de mon avatar mangakesque. Et puis, je n'étais pas inquiet. Comme on l'affirme au Japon, la rigidité cède souvent face à la souplesse !

Pendant que je finissais mon thé, j'ai réfléchi à cette histoire de neuf vies félines et l'envie de dessiner m'a à nouveau démangée. Je devais juste effectuer quelques recherches sur Wikipédia avant de me lancer.

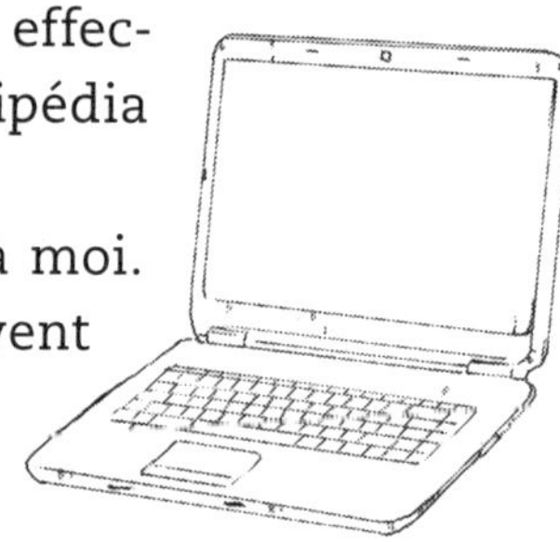

J'ai souri à la chaise vide face à moi. Incroyable ce que les choses peuvent évoluer en dix petites minutes...

⊙ 26 FÉVRIER

Harmonie

Ma mère est rentrée hier. Elle avait l'air plus détendue que d'habitude. La musique lui va bien au teint. À moins que ce ne soit le résultat d'une semaine de séparation salvatrice d'avec mon père.

☽ 27 FÉVRIER

Pile ou face

Miracle ! Mes parents sont parvenus à un accord. Ils ont convenu que si j'intégrais Nicolas-de-Staël, je pourrais y achever ma scolarité. À défaut, je devrai fréquenter un lycée sacré jusqu'à ma majorité.

♂ 28 FÉVRIER

D'arrache-pied

Je bosse, je bosse, je bosse. Je suis décidée, je suis motivée, j'irai à NDS.

☿ 29 FÉVRIER

Acharnement

J'ai bûché comme une malade toute la journée.

A Little Death Around the Eyes, Peter Doherty

Mars

MOIS PLUS (+!!!) DE VIE

♃ 1er MARS

Galère

Je risque d'être élue stakhanoviste de l'année.

♀ 2 MARS

Débrayage

Je suis épuisée. Pour me détendre, je me suis lancée dans *Bienvenue dans la NHK**! Dès le pilote, j'étais total accro.

Résultat, je me suis enfilé la série complète d'une traite. À savoir vingt-quatre épisodes de vingt-quatre minutes. C'est-à-dire six cents minutes (cinq cent soixante-seize minutes de visionnage + les pauses pipi). Soit dix heures d'affilée scotchée à mon écran.

Une fois cet exploit consommé, une question m'a attaquée en traître. N'étais-je pas un succédané de Satô Misaki, l'anti-héros de cette histoire, un hikikomori* qui n'était pas sorti de chez lui depuis des années et vivait aux crochets de ses parents ? Je me suis auto-rassurée. J'étais plus proche de Yamazaki son voisin otaku*.

La preuve, lundi, je serai contrainte de quitter ma chambre pour retourner au collège !

♄ **3 MARS**

Ishiguro-san m'a envoyé un SMS pour me prévenir qu'il avait la grippe. Du coup, j'ai consacré mon samedi à mes révisions.

Vivement la rentrée que je puisse enfin me reposer !

☽ **5 MARS**

Beurk !

Mes « camarades » de classe ont passé des vacances fabuleuses. Ils sont tous super contents de se retrouver. Ils ont plein de trucs démentiels à se raconter. Cette allégresse collective me tue. J'aurais dû rester couchée !

♂ **6 MARS**

Pavé dans la mare

Miss Carlson, notre prof d'arts plastiques, nous a annoncé que l'épreuve d'histoire de l'art pour le brevet aurait lieu mardi 22 mai. Pour nous y préparer, nous sommes censés lire le pavé de 345 pages (illustrations non comprises) qu'elle nous a conseillé en début d'année. Tout le monde l'a acheté. Personne ne l'a lu. Sauf Yukino. Mais ça ne compte pas !

☿ 7 MARS

Mea culpa

Je n'ai pas pu profiter de mon heure de non-caté pour bouquiner. Aujourd'hui, le cours d'éducation religieuse a été exceptionnellement remplacé par une séance de confession. Personne n'ayant pensé à me prévenir, je n'ai pas eu le temps de me préparer. Quel péché allais-je bien pouvoir dénicher ?

Au moment de franchir la porte de la chapelle, je continuais de tourner et retourner ce problème métaphysique dans ma tête en tentant de me remémorer les meilleures scènes de *Seven*.

Beaucoup de tracas pour rien ! Le prêtre chargé de nous confesser était nouveau. Il ne me connaissait pas. Je pouvais donc lui sortir mon PPP (Péché Passe-Partout) en toute sérénité.

Mon PPP

Mon mot d'ordre en matière de confession est « sobriété ». Ma règle cardinale est de ne pas confesser :

1 – De péchés trop effrayants. Risque : panique pouvant entraîner un sermon de deux heures et demie voire une tentative d'exorcisme.

2 – Ni de péchés trop légers. Risque : confusion avec un pied de nez hérétique susceptible d'entraîner des poursuites disciplinaires.

D'où mon fameux PPP ! Après des années de réflexion acharnée, j'avais trouvé le péché parfait.

Facile d'accès, aisé à pardonner et universellement partagé (souvent avec le confesseur lui-même). Cerise sur ledit péché, il appartient aux capitaux. J'ai nommé la Gourmandise.

Seule limite, sa fréquence d'utilisation. En effet, passé un certain nombre de confessions (dix d'après mon expérience), il est plus prudent de remplacer le PPP par un autre péché (afin d'éviter de passer pour un dangereux récidiviste).

Mais si le prêtre est nouveau...

Mea mega culpa

Je me suis avancée vers le prêtre flambant neuf et me suis assise face à lui.

– Pardonnez-moi, mon père, parce que j'ai péché, ai-je commencé en endossant mon attitude de pénitente (yeux baissés, voix chevrotante, épaules voûtées).

– Je vous écoute, mon enfant.

– J'ai péché par gourmandise. J'ai...

– Ah... Le fameux péché de gourmandise... Cela faisait longtemps ! m'a-t-il interrompue d'un ton goguenard. Vous êtes Théodora, n'est-ce pas ?

J'ai relevé la tête d'un mouvement brusque. Comment connaissait-il mon prénom ? Qui avait cafté ? Qu'est-ce qui lui prenait de me couper en pleine confession ?

– Euh... oui... mon père, ai-je balbutié.

Il a souri d'un air amusé.

– Vous êtes bien mince pour une gourmande. Je suis persuadé que si vous aviez daigné vous concentrer un peu plus, vous auriez pu trouver un péché plus pertinent. Dans la limite du raisonnable évidemment, a-t-il ajouté en continuant à sourire d'un air facétieux.

C'était quoi ce délire ? Depuis quand était-on obligé de justifier ses péchés par un comportement et une silhouette adaptés ?

– Vous croyez en Dieu, Théodora ? m'a-t-il soudain demandé.

– Euh... mouais, ai-je hésité.

– C'est ce que je pensais. La foi est un don que vous attendez toujours de recevoir.

– Mmm... Cette citation provient de la Bible, n'est-ce pas ? ai-je tenté.

– Non, d'*Anges et Démons*. De Dan Brown, a-t-il rigolé.

Où Pitbull avait-elle dégoté ce nouveau ministre du culte ? Dans un ordre de clowns ? N'empêche. Il avait du charme et je n'ai pas pu me retenir de lui rendre son sourire. Le père Joseph (puisque tel était son nom) m'a décoché un clin d'œil. Il savait que j'avais été virée du caté. J'ai donc arrêté d'affabuler et nous avons discuté.

– N'oubliez pas que l'important réside dans le message et la beauté des valeurs, pas dans le décorum, a-t-il fini par conclure. Allez en paix, mon enfant.

– Merci mon père.

En sortant, j'étais un peu déboussolée. Je devais rester vigilante. Si je n'y prenais pas garde, ce genre de type était capable de me refiler la foi.

♀ 9 MARS

Morceaux choisis

Certains jours ressemblent à une citation de Woody Allen et semblent se dérouler pour confirmer que les ennuis, c'est comme le papier hygiénique. On en tire un, il en vient dix.

1re feuille. Je suis arrivée en cours d'allemand avec cinq minutes de retard et H^2 (Herr Herzog) m'a jetée sans me laisser l'opportunité de m'expliquer.

2e feuille. Le cours de français a été remplacé par une messe des Cendres où j'ai failli me consumer d'ennui.

3e feuille. J'ai manqué me fracasser les doigts du pied droit en ratant mon lancer de poids. Ce n'est pas ma faute si je n'ai aucun muscle dans les bras !

4e feuille. À la fin du cours d'EPS, Ménard nous a annoncé qu'à compter de début avril nous aurions piscine le vendredi. Je déteste nager en groupe. Je hais l'odeur du chlore. J'exècre les microbes amphibies. D'ici fin avril, il est évident que j'aurai chopé au moins une verrue ou une mycose. Voire les deux !

5e feuille. J'ai eu un mal fou à digérer les cinq yaourts que je m'étais enfilés pour dissimuler le hachis mortier du jour.

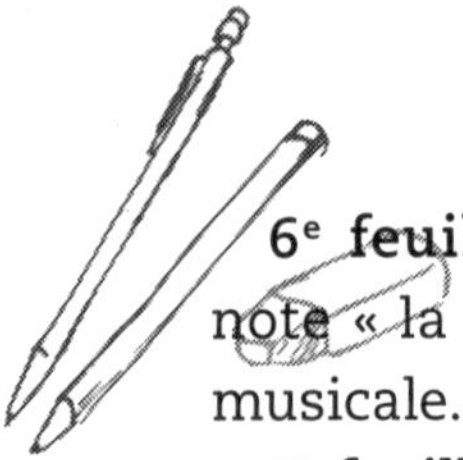

6e feuille. J'ai dû chanter pendant une minute la note « la » devant toute la classe en cours d'éducation musicale.

7e feuille. La papeterie était fermée alors que j'étais à court de papier.

8e feuille. Rosario a ressorti les coussins du canapé et Kyô a été le premier à le réaliser. Mon chat, ma responsabilité. Résultat, c'est moi qui me suis fait engueuler !

9e feuille. Ma mère a décidé de cuisiner pour la première fois de l'année.

10e feuille. Un fou du ballon a décidé de remplacer les deux épisodes de *NCIS* (programmés depuis plus d'une semaine) par un match de foot.

♄ 10 MARS

Curriculum vitæ

Quand Ishiguro-san est arrivé, j'étais en train de retravailler un croquis. Le drapé du tee-shirt ne collait pas avec le mouvement de mon personnage. J'avais beau m'acharner, je n'arrivais pas à trouver les bons plis. Ishiguro-san a jeté un coup d'œil par-dessus mon épaule, attrapé un crayon et a corrigé mon dessin en un temps un mouvement. Le résultat était parfait. J'étais super étonnée.

Premièrement, il était gaucher. Comme moi. Alors qu'il buvait de la main droite.

Deuxièmement, il était supra-doué !

De retour dans le métro, j'ai passé en revue les différents métiers qu'il était susceptible d'exercer.

• Yakuza ? J'avais abandonné l'idée. Aucun de ses doigts n'était coupé. Quant au fameux tatouage que j'avais cru apercevoir sur son bras, je ne l'avais pas revu depuis le jour de notre rencontre.

• Chercheur ? Il ressemblait parfois à une encyclopédie vivante, mais il n'y avait aucune université à proximité.

• Psy ? Certes il savait écouter, seulement il ne hochait jamais la tête et la seule fois où nous avions évoqué ce thème, je n'avais pas eu l'impression que cette profession l'emballait.

• Mangaka ? Oui ! C'était ça ! Tout collait. Son intérêt pour mes dessins. Ses connaissances sur le sujet. Son coup de crayon !

☽ 12 MARS

Liberté conditionnelle

Dès que je suis sortie dans la cour pour la pause de 10 heures, Samuel s'est précipité vers moi en chantonnant :

– Elle est partie, elle est partie, elle est partie…

– Qui ?

– Ma mère ! s'est-il exclamé ravi.

– Elle a quitté ton père ? me suis-je étonnée.

– Hein ? Non. Ça va pas ! Elle est partie en thalasso. Une semaine. Et tu ne devineras jamais le meilleur du meilleur ?

– Ne me force pas ! l'ai-je menacé.

– Elle est folle de rage contre mon frère, m'a-t-il informée en affichant un sourire radieux.

– Pourquoi ?

– Parce que Matthieu a décidé de se marier. À vingt et un ans. Avec une protestante.

– Et...

– C'est tout. Sauf que pour ma mère c'est largement assez. Elle lui a joué la scène complète. Elle a tempêté, hurlé, pleuré et fait semblant de s'évanouir. Raté ! Matthieu lui a expliqué qu'il était fou amoureux et qu'elle ne le ferait pas changer d'avis. Du coup, elle s'est enfuie une semaine en cure pour se remettre. Tu te rends compte ? Une semaine de liberté !

– Ben... Bravo ! l'ai-je félicité.

– Tu veux aller au ciné mercredi aprèm ? m'a-t-il alors demandé.

J'ai hésité. Ciné = noir complet = accoudoirs partagés = rapprochements incontrôlés. D'un autre côté, ciné = nouveauté = moments partagés = amitié retrouvée. J'ai fini par lancer :

– OK. Mais pas question de me taper un film à l'eau de rose ou une comédie musicale !

– Et moi, de subir un autre de tes fameux animes.

J'ai dévisagé Sammy, sidérée.

C'était la première fois qu'il refusait quelque chose avec autant d'assurance.

– Je croyais que tu avais apprécié *Summer Wars**? me suis-je étonnée.

– Le dessin. Pas l'histoire. Elle était incompréhensible ! a-t-il affirmé.

Waouh ! Sammy avait mangé du lion.

Étrange.

Étrange et agréable.

– Un polar ? lui ai-je alors proposé.

– Ouais mais un truc normal, a-t-il précisé.

Traduction de « truc normal » : polar qui ne fout pas les jetons.

La fois où nous avions regardé ensemble le DVD du *Silence des agneaux*, Samuel avait passé la moitié du film la tête enfouie dans le pelage de Kyô. L'expérience avait été traumatisante.

Pour nous trois.

☿ 14 MARS

Illumination

En sortant du ciné, j'ai proposé à Samuel de boire un pot. Il a aussitôt accepté. Nous avons un peu papoté du film avant de revenir à nos moutons et de discuter collège, notes et dessins.

– Il n'a pas tort, a affirmé Samuel quand je lui ai raconté ce que mon vieil ami japonais avait pensé de mon personnage principal.

– Hein ? me suis-je étonnée.

Si je lui avais raconté tout ça, c'était pour qu'il soit d'accord avec moi. Pas pour qu'il prenne parti en faveur d'Ishiguro-san !

– J'adore les scènes de vie quotidienne que tu croques. Elles sont à la fois drôles et sensibles. Comme ce dessin que tu m'as offert, il y a un an, pour mon anniv. Je l'ai posé sur ma table de nuit et chaque matin je le regarde quand je me réveille. Il me donne envie de sourire et de me lever. Je ne comprends pas trop pourquoi tu cherches à te lancer dans un truc fantastique.

– Pour avoir quelque chose à raconter, lui ai-je expliqué.

– Pourquoi ne pas t’inspirer de ta vie, du collège ?

– Ça ne suffit pas pour créer une histoire ! ai-je protesté.

– Pas une grande, mais des petites ?

– Hum... ai-je réfléchi. Tu as peut-être raison.

– Bon, désolé, je dois filer, m’a annoncé Samuel après avoir regardé sa montre.

– Déjà ? Ta mère est rentrée plus tôt que prévu ?

– Ne parle pas de malheur ! Non, j’ai un rendez-vous...

Je n’ai pas pu me retenir de l’interroger :

– Avec qui ?

Un sourire doux s’est dessiné sur le visage de Sammy.

– Il est encore trop tôt pour en parler, a-t-il biaisé.

De plus en plus étrange...

♄ 17 MARS

Hallucination

Je suis restée coincée un quart d’heure à la station Trocadéro. Du coup, lorsque je suis arrivée devant le café, Ishiguro-san s’éloignait. Dès qu’il m’a vue, il s’est arrêté. J’ai couru vers lui.

– J’ai eu peur de vous rater, lui ai-je annoncé hors d’haleine.

– Et alors ? Comme je vous l’ai plusieurs fois répété, Hatedoro, il peut arriver que je ne puisse pas me libérer, il peut arriver que vous ne puissiez pas me rejoindre. Cela nous est déjà arrivé d’ailleurs et ce n’est pas grave.

– Pour vous peut-être, mais moi je mets trois quarts d’heure pour venir.

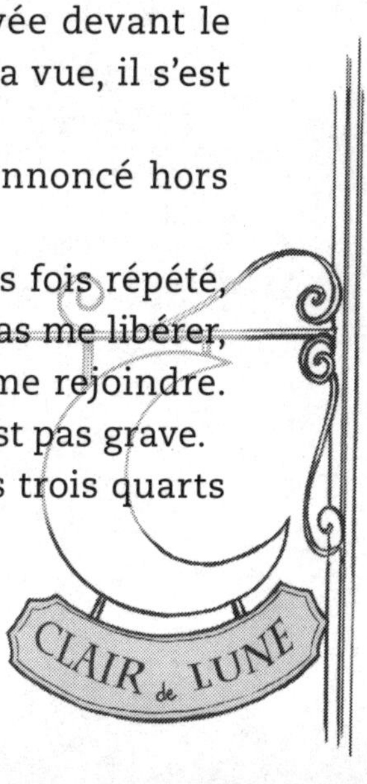

– Vous n'habitez pas dans le quartier ? s'est-il étonné.

– Ben, non. Je pensais que vous le saviez.

– Hum… a hésité Ishiguro-san. Suivez-moi !

– Pardon ?

– Au moins vous n'aurez pas parcouru tout ce chemin pour rien ! a-t-il seulement ajouté.

Nous avons tourné à l'angle de la rue. Nous avons dépassé une petite galerie dans laquelle j'ai pensé que nous allions entrer. Nous avons frôlé un vieux ciné avant de nous arrêter devant une boutique.

Ishiguro-san a ouvert la porte et m'a présenté les lieux.

– Bienvenue dans mon humble studio, Hatedoro.

Je n'en croyais pas mes yeux. L'endroit était minuscule. Il se limitait à une pièce avec, dans un coin, une caisse, deux chaises et une table basse couverte de magazines et de portfolios et, dans l'autre, un fauteuil inclinable, un tabouret, un chariot et une batterie d'instruments droit sortis d'un délire de Tim Burton.

J'ai observé les murs. Ils étaient constellés de photographies de bras, de jambes, de dos… Tous magnifiquement tatoués.

Mon vieil ami japonais n'était pas mangaka. Il était tatoueur !

Dir en grey

☉ 18 MARS

Dir en grey

Révélation

J'ai découvert le groupe visual kei de l'année : DIR EN GREY (direngrey.co.jp).

♂ 20 MARS

Hésitation

Après-demain, je pars en retraite. De confirmation. Pendant deux jours. Vu que c'est la première fois, je n'ai pas encore d'avis sur la question.

Ces deux jours de tranquillité divine offrent des avantages certains. Pas de cours, pas d'EPS, pas de révisions, pas de dispute parentale en fond sonore. Toutefois je m'interroge. Comment vais-je occuper mes journées, coincée avec quarante-deux filles dans un trou paumé ?

Soudain j'ai été frappée par un éclair de génie. Je resterais enfermée dans la chambre qui me serait allouée. Je devais juste être bien équipée !

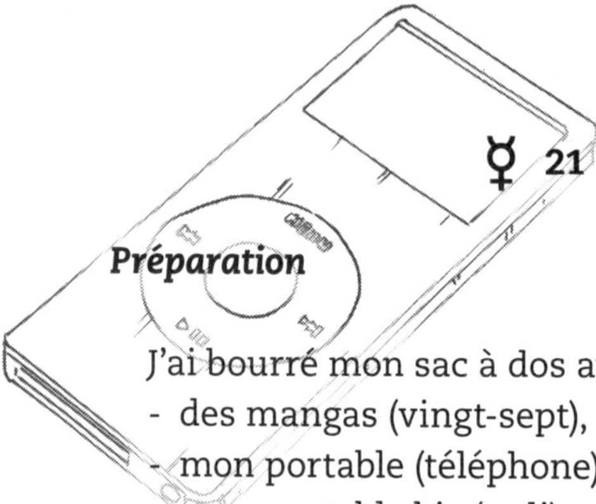

☿ 21 MARS

Préparation

J'ai bourré mon sac à dos avec :

- des mangas (vingt-sept),
- mon portable (téléphone) + son chargeur,
- mon portable bis (ordi) + sa batterie,
- mon iPod + son chargeur,
- le B.A.-BA du mangaka : mon bloc, deux crayons, un taille-crayon et une gomme.

J'ai profité des quelques centimètres cubes restants pour ajouter deux culottes, deux paires de chaussettes, un tee-shirt et ma trousse de toilette.

Emballé, j'étais parée !

♃ 22 MARS

Cinquième dimension

Si j'avais su ce qui m'attendait, j'aurais joué la carte de la mort subite d'un proche ou de la crise d'*héréticité* aiguë.

Nous devions dormir dans des dortoirs. À huit !

Nous étions supposées nous laver dans des douches communes. À vingt !

Figuraient au nombre des activités interdites : téléphoner, lire (à l'exception de la Bible), papoter, surfer sur le Web (de toute façon ils n'avaient pas la Wi-Fi), dessiner et travailler.

Si bien que m'ont été confisqués dès mon arrivée mes vingt-sept mangas, mes deux portables, mon iPod et mon matériel de dessin. Qu'est-ce que j'allais fabriquer pendant deux jours avec deux culottes, quatre chaussettes, un tee-shirt et une brosse à dents ? Suggestion offerte par le cerbère des lieux (sœur Je-sais-plus-quoi) : prier !

J'ai aussitôt regretté mes séances de révisions. Encore deux jours de ce régime et je rêverais de participer à une compétition sportive !

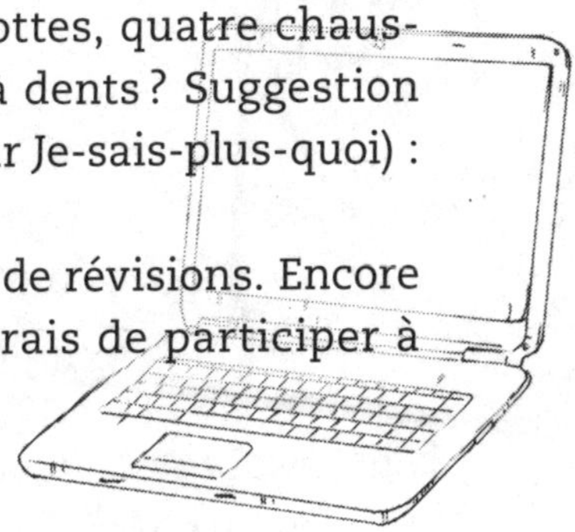

♀ 23 MARS

Solution biblique

Au bout de trois heures de total désarroi (perdues à compter les fissures du plafond de ma cellule), je me suis résolue à entamer la lecture du seul ouvrage autorisé. Contre toute attente, j'ai adoré.

Un parfait mélange de batailles, de créatures fantastiques, de personnages dotés de super pouvoirs, de morts en pagaille, d'histoires de famille sordides, de sexe, de sang... *Tôkyô Babylon** puissance vingt !

Dans le bus du retour, j'étais tellement accro que j'en ai oublié mon iPod.

♄ 24 MARS

Happy non-birthday

Je n'en reviens pas. Je me suis passé la scène plusieurs fois dans ma tête et je n'arrive toujours pas à réaliser. Ishiguro-san m'a invitée à dîner. Samedi prochain ! Comment suis-je censée m'habiller ? Me coiffer ? Est-ce que je dois apporter quelque chose ? Si oui, quoi ? Pour résumer, je suis surexcitée et complètement larguée.

☽ 26 MARS

Pré-anniversaire

Demain, j'aurai quinze ans. Enfin je crois. Maintenant que je soupçonne mes parents de m'avoir adoptée, je ne suis plus sûre de rien. Si ça se trouve, je suis née en juillet… Si ça se trouve, je suis déjà majeure et vaccinée !

♂ 27 MARS

Happy birthday

Comme tous les ans, ma mère a demandé à Rosario de préparer mon gâteau d'anniversaire. Comme tous les ans, elle a suggéré un gâteau au chocolat. Il paraît que tout le monde aime ça. Moi pas. Je déteste le chocolat. Une telle faute de goût est si improbable que personne ne me croit ! Pour des gens persuadés que des types peuvent ouvrir la mer, marcher sur l'eau, changer l'eau en vin et ressusciter, ça dépasse l'entendement !

Bilan cadeaux

Mes parents m'ont encore remis un chèque de cent euros. Décidément ils débordent d'imagination !

Mes grands-parents paternels se sont contentés de me téléphoner. L'année prochaine s'ils pouvaient se contenter de m'oublier, ce serait déjà un progrès !

Leandro m'a offert un anneau en plastique doré. Il est toujours persuadé que nous allons nous marier. Je n'ai pas encore osé briser ses illusions matrimoniales.

Samuel m'a offert un vrai cadeau, un beau, un inspiré. Un miroir de sorcière. Je l'ai placé au-dessus de mon écran. Il me permet d'observer ce qui se passe dans ma chambre sans avoir besoin de tourner la tête. Avant de me coucher, je me suis demandé où Samuel avait pêché une telle idée. Elle ne lui ressemblait pas. Quelqu'un l'aurait-il aidé ?

♃ 29 MARS

Incroyable mais vrai

Ma mère a débarqué alors que je m'apprêtais à sortir.

– Où vas-tu ? m'a-t-elle interrogée.

– Faire des courses !

– Acheter du matériel à dessin ?

Je l'ai dévisagée. Je n'aurais jamais cru qu'elle savait que je dessinais. En tout cas, elle ne m'en a jamais parlé. Mais pour le peu que nous discutions...

– Non, non. Me trouver un nouveau jean.

– Je croyais que tu les commandais sur Internet, s'est-elle étonnée.

Décidément, elle était supra au fait de mes activités. M'espionnait-elle ? Non ! Impossible ! Elle n'en avait pas le temps !

– Pour une fois, j'ai décidé d'essayer avant d'acheter.

– Dans une cabine ! s'est exclamée ma mère qui connaît mon dégoût immodéré pour les magasins de fringues (en général) et leurs cagibis d'essayage (en particulier).

– Non, au milieu de la boutique. Pour réaliser une performance, ai-je rétorqué agacée.

Ma mère n'a pas relevé. Au lieu de ça, elle m'a proposé :

– Tu veux que je t'accompagne ?

– Non merci !

Alors que je la contournais pour sortir (vu qu'elle bloquait la porte), nos regards se sont croisés. Une étincelle s'était allumée dans ses yeux. Une question lui brûlait les lèvres. Heureusement, elle n'a pas osé me la poser.

♀ 30 MARS

Jamais plus jamais

Ma mère n'a plus qu'un but dans la vie : me tirer les vers du nez. Elle est venue dans ma chambre (ce qu'elle ne fait jamais) pour m'emprunter un taille-crayon (prétexte bidon s'il en est). Je lui ai tendu l'objet sans un mot. Comme elle ne décollait pas, j'ai fini par craquer :

– Tu as besoin d'autre chose ?

– Non, non, a-t-elle hésité. Je voulais juste te dire que, si tu le souhaitais, tu pouvais m'emprunter des vêtements à l'occasion.

Jamais ! Jamais je n'aurais dû lui avouer la veille que je sortais m'acheter un jean. Cette histoire lui est montée à la tête et elle est persuadée que je me suis transformée en fille.

– J'ai un rendez-vous chez le coiffeur demain, mais je ne peux pas m'y rendre, a-t-elle enchaîné. Je dois rattraper le retard que j'ai pris dans mes répétitions pour mon prochain concert. Tu peux prendre ma place si tu veux.

– Ouais, ouais. Merci, ai-je marmonné.

♄ 31 MARS

Pétard mouillé

À peine ai-je franchi la porte du salon qu'un fou du bulbe s'est rué sur moi, m'a arraché mon blouson et propulsée dans un fauteuil. Je n'avais pas encore eu le temps de reprendre ma respiration qu'il me tirait la tête en arrière pour tripoter mon cuir chevelu. Pourquoi mais pourquoi avais-je accepté de remplacer ma mère au pied levé ? J'aurais très bien pu me teindre les cheveux dans la salle de bains comme la dernière fois et demander lundi à Rosario de me les égaliser avec une paire de ciseaux à ongles.

– Vous êtes blonde ? s'est soudain écrié Figaro en me vrillant les tympans.

Toutes les mémés du salon se sont tournées vers nous.

– Elle est blonde ! a-t-il à nouveau hurlé, de peur que ses clientes aux reflets bleutés n'aient rien capté la première fois.

– Et alors ? ai-je fini par lâcher.

– Mais ma chérie, toutes les femmes rêvent d'être blondes !

Je lui ai lancé mon regard qui tue avant de cracher :

– Moi pas !

– Le noir durcit les traits. Et votre peau étant très pâle, cette couleur vous donne un petit côté lugubre.

– C'est le but, ai-je grogné.

– Pff... La cliente est reine. Mais c'est du gâchis, si vous voulez mon avis, a-t-il bougonné. Et pour la coiffure ?

– Idem. Court derrière avec une longue mèche sur le côté gauche.

– Pff... a-t-il à nouveau soupiré. Pas très féminin.

J'ai inspiré un grand coup, pris sur moi et décidé de la boucler. Dès qu'il a eu fini de « rafraîchir » ma coupe, je me suis levée d'un bond.

– Combien je vous dois ? me suis-je renseignée.

– Mais... mais... et votre brushing ?

– Pas besoin !

– Vous n'allez quand même pas sortir avec les cheveux mouillés ?

Je n'ai pas répondu. Je l'ai payé en quatrième vitesse et me suis jetée dehors. Un peu plus et je lui plantais ses ciseaux dans le toupet !

Divine soirée

Je viens de passer la meilleure soirée de ma vie. Si je dois mourir demain, au moins je n'aurai pas vécu pour rien.

J'ai adoré.

Tout.

Le décor

Je m'attendais à une ambiance zen avec shõji*, tatami* et byõbu*. Je m'étais fourvoyée grave. Ishiguro-san aime le baroque, les rideaux rouges, les lumières tamisées, les tapis orientaux, les statues africaines, j'en passe et des meilleurs.

La seule touche japonaise provenait d'une collection de poupées traditionnelles. D'après ce qu'il m'a expliqué, certaines étaient des mushas*, d'autres des kokeshis* et d'autres encore des goshos*.

Quant à la centaine de poupées restantes, je n'ai pas retenu leur nom. Il faut avouer que moi et les poupées... Ishiguro-san aussi d'ailleurs. Puisqu'il a tenu à préciser qu'elles n'étaient pas à lui. À qui appartenaient-elles ? Je n'ai pas osé le lui demander.

Le menu

Unagimoni* pour l'apéro, sashimi* de saumon et de daurade en entrée, sukiyaki* pour le plat principal et glace au thé vert en touche finale. Un régal ! (Nota bene : penser un jour dans une autre vie à prendre des cours de cuisine japonaise.)

Les moments clés en accéléré

Après nous avoir servi un gobelet de saké* au gingembre, Ishiguro-san m'a offert de l'appeler Takeshi.

Nous avons discuté pendant tout le repas et je n'ai pas vu le temps filer.

Nous avons fini la soirée côte à côte sur le canapé blottis dans un silence complice à feuilleter des livres d'art.

La chute

Au moment de partir, je lui ai annoncé affligée :

– Je suis coincée tous les samedis du mois d'avril, impossible de venir vous retrouver au *Clair de Lune*.

– Mais nous ne sommes pas obligés de nous voir exclusivement au café. Nous pouvons aussi déjeuner ensemble, visiter des musées… m'a-t-il proposé.

– Je croyais que vous n'aimiez pas les rendez-vous ? Que vous préfériez laisser le hasard vous surprendre ? me suis-je étonnée.

– Pas quand il s'agit de mes amis, a-t-il murmuré.

J'ai senti un sourire gigantesque envahir mon visage.

– *Oyasuminasai*[1], Hatedoro, et n'oubliez pas de dessiner ! m'a-t-il saluée avant de refermer sa porte.

J'ai dévalé les escaliers en sautillant.

De retour dans ma chambre, j'étais si énervée que j'ai attrapé mon bloc et un crayon. Histoire de me calmer.

hatedoro

1. Bonne nuit.

***Smell Like Teen Spirit*, Nirvana**

IL ÉTAIT UNE FOIS...

J'ai beaucoup réfléchi depuis que Samuel et moi avons discuté de mon projet manga et ses suggestions ont grignoté leur chemin dans ma tête. Il a raison. Pourquoi ne pas dessiner de petites histoires réalistes en cinq à six planches plutôt que de galérer avec une histoire fantastique alambiquée...

Mon inspiration est toute trouvée. Il me suffit de me servir du carnet que je m'efforce de tenir depuis la rentrée.

En guise de préambule à ce projet, j'ai préféré préciser :

« Les personnages de ce manga étant réels, toute ressemblance avec des individus imaginaires serait fortuite et de l'ordre de la coïncidence et du hasard. »

(Merci M. Queneau).

Quant au personnage principal, il n'y a plus qu'à assumer...

 Mr. Writer, Stereophonics

Avril

MOIS DU LAPIN :
Premier pas

⊙ 1er AVRIL

Poissonnade

Je déteste les 1ers avril. Ce jour-là, dès que quelqu'un m'annonce une nouvelle, je ne peux pas m'empêcher de m'interroger. Blague ? Pas blague ?

Je redoute tant de tomber dans un canular que je passe la journée un sourire pas dupe scotché aux lèvres et, le soir arrivé, je me retrouve toujours avec une atroce crampe aux mâchoires !

J'ai fait le point avant de me coucher et après une analyse poussée des infos récoltées dans la journée, j'en ai déduit que :

• La déclaration téléphonique de Samuel selon laquelle il aurait envoyé un dossier d'application pour s'inscrire en second cycle dans un pensionnat à Perpette-Les-Olivettes (sans en parler à Inukaï) = blague (pas vraiment hilarante mais Sammy a un sens de l'humour que l'on pourrait qualifier de particulier).

• La promesse de Vacherin de ne plus jamais me donner d'argent pour Noël. Elle m'a prise au dépourvu en m'appelant sur mon portable et je lui ai avoué m'être offert le dernier *Assassin's Creed** avec les émoluments de cette année (et non les œuvres complètes de Victor Hugo comme j'avais prévu d'affabuler) = pas blague.

• La menace de notre voisin de tuer Kyô s'il remettait une patte dans son jardin (il accusait ce dernier d'avoir déchiqueté ses pétunias roses) = pas blague.

Bilan : les gens manquent cruellement de fantaisie !

♂ 3 AVRIL

Hip, hip, hip...

Mon bulletin du deuxième trimestre est arrivé. Commentaire de Pitbull : « Résultats excellents. Cette moyenne mérite mes félicitations. Théodora a su tenir compte des remarques qui figuraient sur son bulletin précédent et améliorer son attitude. Bravo ! »

Si elle avait été devant moi, je crois que je l'aurais embrassée. Heureusement les bulletins nous parviennent par courrier !

☿ 4 AVRIL

Conversation chronométrée

Quand il est rentré, mon père m'a invitée à l'accompagner dans son bureau. Pourquoi a-t-il besoin d'une pièce dédiée à son travail dans une maison où il ne pose pratiquement jamais les pieds ?

Aucune idée !

Il tenait à me féliciter pour mes résultats du trimestre et à m'informer que sa secrétaire s'était chargée de ma demande pour une inscription en seconde à Nicolas-de-Staël.

Je n'en revenais pas. Il avait sacrifié quelques gouttes de son temps précieux pour refiler le bébé.

– Voilà, c'est tout, m'a-t-il congédiée alors que je restais plantée devant lui les bras ballants.

Il a chaussé ses lunettes et a plongé le nez dans un dossier. Notre entretien était clos. Il avait perdu trois minutes à me parler. Plus, ça aurait été abuser !

♃ 5 AVRIL

Méprise

Toute la journée, j'ai attendu que Samuel me supplie de l'aider à rédiger sa dissert. À la fin de la journée, il n'avait toujours pas abordé le sujet et j'ai fini par douter.

– Nous devons rendre une dissert pour lundi prochain. Pas vous ? l'ai-je questionné.

– Si, si, nous aussi, m'a-t-il répondu en fouillant dans la poche de sa veste.

Il en a extrait un chewing-gum à l'aspect douteux et l'a gobé sans sourciller.

– Tu veux que je t'aide ? lui ai-je proposé.

– C'est sympa, mais non merci, a-t-il marmonné en mastiquant.

– Tu es sûr ? me suis-je étonnée.

– Sûr et certain ! Ne t'inquiète pas pour moi, je saurai me débrouiller, m'a affirmé le ruminant.

– Bon, ben, OK… ai-je fini par céder.

Après tout s'il voulait achever son année dans les derniers, qui étais-je pour l'en empêcher ?

♀ 6 AVRIL

Un homme à la mer

Alors que Samuel hésitait à sauter, Monster a lancé :

– Allez la crevette, on va pas y passer la matinée. Ferme les yeux et lance-toi ou dégage du plongeoir !

Le visage de Sammy est devenu aussi rose que le crustacé susnommé.

– Putain mais t'attends quoi ? Que l'eau monte ? a aboyé Monster.

– Tu ne peux pas le lâcher trois secondes, connard ! suis-je intervenue.

– Toi la limande, on t'a pas sonnée ! a-t-il rétorqué avec un sens de la repartie à étourdir un scénariste de séries Z.

Je m'apprêtais à lui balancer une réplique cinglante quand Samuel s'est approché de Monster d'un pas décidé. Il l'a attrapé par le maillot. Ce dernier n'a pas eu le temps de réagir. Deux secondes après, Samuel avait sauté dans la piscine entraînant son bourreau à sa suite.

Lorsque Samuel a ressorti la tête de l'eau, nous l'avons tous applaudi. Même Ménard n'a pas pu se retenir de grimacer un sourire.

Quant à Monster, il toussait comme un forcené. Il avait bu la monnaie de sa pièce et l'addition était chlorée !

♄ 7 AVRIL

Le don de Dieu

Ça y est ! J'ai été frappée par l'Esprit saint. J'ai perdu ma journée à attendre qu'un miracle se produise.

Avant de me coucher, j'ai dû me rendre à l'évidence. Pas de bouleversement majeur dans ma personnalité, aucun signe divin, pas la plus petite apparition, pas la moindre odeur de sainteté.

J'aurais dû m'en douter. Cette confirmation n'avait rien changé !

☉ 8 AVRIL

Déjeuner avec un coucou

Ma grand-mère s'est jointe à nous pour le déjeuner. Pas Vacherin. L'autre. Ma grand-mère maternelle. Officiellement appelée Nana. Officieusement surnommée Domo-Kun (par moi). Elle est de passage à Paris et, pour l'occasion, mes parents sont parvenus à pêcher deux heures dans leur emploi du temps surchargé.

Domo-Kun

Domo-Kun alias Adélaïde Lisancourt ressemble comme deux rayons de soleil au petit personnage japonais du même nom. Tous deux sont marron, hiver comme été. Domo-Kun (le vrai) parce qu'il est sorti tel quel du cerveau surchauffé de son créateur. Domo-Kun (ma grand-mère) parce qu'elle est accro à la bronzette. Elle ne croit pas au cancer de la peau. Elle est persuadée qu'il s'agit d'un complot international ourdi par les fabricants de crème solaire. Elle n'est convaincue que d'une chose : on peut mourir d'une carence en vitamine D !

Domo-Kun bis

Domo-Kun a la réputation d'être excentrique. Traduction, ma grand-mère est complètement barrée. Avec elle, les conversations ressemblent à des dialogues d'un film de Lars von Trier dont l'héroïne principale (elle) aurait fumé la moquette. Elle a un avis sidérant sur tout. Trois exemples parmi des dizaines de milliers.

Sur mes cheveux : « Cette couleur convient divinement à ton teint, ma chérie. Elle souligne son aspect draculien. »

Sur mes bagues : « Quelle idée géniale ! Ainsi parée, si quelqu'un tente de te sauter dessus, tu pourras te défendre. »

Sur mon vocabulaire : « Chier des bulles » est pour elle « une expression délicieusement imagée ».

Pour le reste, elle n'a aucun sens des réalités. À titre de preuves, voici les cadeaux qu'elle m'a dégotés cette année :

– Pour Noël, elle m'a envoyé un pagne de Polynésie. Ce n'était pas la peine de se ruiner en frais de port, je ne le porterai jamais.

– Pour ma fête, elle m'a acheté une paire de boucles d'oreilles alors que je n'ai pas les oreilles percées.

– Quant à mon cadeau d'anniversaire, l'artisan auprès duquel elle l'a commandé ne l'a pas encore terminé. Elle m'a toutefois assurée qu'il serait bientôt prêt. J'en tremble d'avance !

Déjeuner avec un coucou (suite)

Puisque personne n'avait osé m'avouer la vérité (à savoir que j'étais une enfant adoptée), j'ai profité de la présence de Domo-Kun pour aborder ce sujet pendant le repas.

– Qu'est-ce que vous pensez de l'adoption ? ai-je biaisé.

Ma mère n'a pas levé un sourcil. Domo-Kun s'est contentée de sourire d'un air niais. Mon père a continué à découper le poulet.

Ou ils étaient devenus sourds pendant l'entrée, ou ils se la jouaient désabusés pour masquer leur détresse devant la pertinence de mon intervention. J'ai opté pour la deuxième solution et ai répété un peu plus fort (on ne sait jamais) :

– Alors ? Que pensez-vous de l'adoption ?

– Hein ? a lâché mon père qui est toujours dans un état plus ou moins léthargique quand Domo-Kun nous rend visite.

Je le soupçonne de se bourrer de calmants avant son arrivée.

– Tu es enceinte ? a soudain déliré cette dernière. Mais c'est merveilleux, ma chérie !

Là, ma mère a réagi et renversé son verre de vin. Avant qu'elle n'ajoute la parole au geste, je me suis exclamée :

– Mais ça va pas la tête ! Je viens d'avoir quinze ans.

– Et alors ? a observé ma grand-mère.

– Rien. Bref. Peu importe. Je ne parlais pas de moi. Enfin pas de moi en tant que mère, ai-je précisé avant de stopper net.

J'étais en train de m'enliser.

– De qui parlais-tu alors ? s'est renseignée ma mère d'un ton sincèrement étonné.

– De rien. Laissez tomber ! ai-je craqué.

Cela ne servait à rien d'insister. Ils ne jouaient pas la comédie. Ils étaient en plein déni collectif !

♂ 10 AVRIL

Méthode Coué

1re étape. J'ai entendu des sifflements étranges.
2e étape. J'ai cherché Kyô des yeux mais il n'était pas dans ma chambre.
3e étape. Les sifflements se sont transformés en gargouillis sourds.
4e étape. J'ai réalisé que les gargouillis provenaient de mon ventre.
5e étape. Une remontée acide m'a brûlé la gorge.
6e étape. J'ai répété « Je ne suis pas malade, je refuse d'être malade, je ne suis pas malade » dix fois d'affilée.

7e étape. L'image de la mixture grisâtre qui nous avait été servie à la cantine ce midi et à laquelle je n'avais pas touché m'a traversé l'esprit.
8e étape. J'ai couru jusqu'aux toilettes aussi vite que mes jambes me le permettaient.

Dead or alive

Alors qu'il était sur le point de partir après avoir confié mon ordonnance à Rosario, le docteur Haertus m'a expliqué pour la centième fois :

– Il va falloir songer à changer de praticien, Théodora. Je suis pédiatre, pas généraliste.

– Mmm… ai-je marmonné.

– Il existe de nombreux autres médecins de qualité, tu sais, a-t-il insisté.

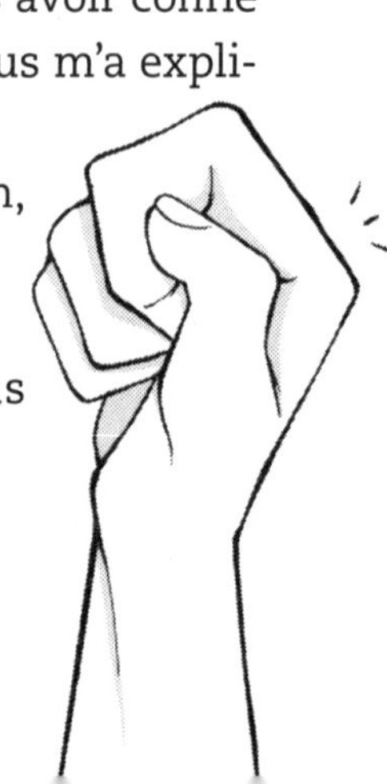

– Mmm… ai-je répété.
– Tu as seize ans.
– Quinze, l'ai-je corrigé.
– Peu importe ! Tu n'es plus une enfant.

Je n'ai pas répondu. Il a soupiré, attrapé sa mallette et est sorti de ma chambre d'un pas décidé. Il pouvait s'entêter tant qu'il le voulait, jamais je ne changerais de médecin !

Docteur Haertus

Le seul médecin qui, quand une mère (la mienne) s'inquiète parce que son enfant (moi) refuse d'avaler son verre de lait au petit-déjeuner et tente chaque matin de l'y forcer, se tourne vers l'enfant en question (toujours moi) et lui suggère :

– Tu n'as qu'à vomir ton lait sur ta maman une bonne fois pour toutes et je te promets qu'après elle ne t'ennuiera plus avec ça !

Et vous voudriez que je renonce à un médecin de cette qualité ? Plutôt crever !

☿ 11 AVRIL

Crise

Toujours malade. Je ne pourrai donc pas partir en Allemagne. Moi qui rêvais de m'envoler à l'étranger pour me changer les idées, c'est mal barré !

♃ 12 AVRIL

Période critique

Toujours coincée au lit. Je suis dégoûtée !

♀ 13 AVRIL

Guérison spontanée

Je ne suis plus malade. Je me suis tordue dans tous les sens pour vérifier. Plus la moindre douleur au ventre. Je dois préparer mon sac de voyage pour demain. Je n'ai plus aucune envie de partir. Je m'étais habituée à l'idée de rester.

Irgendwo auf der Welt, Nina Hagen

Avril

VACANCES CHEZ LES GOTHS

♄ 14 AVRIL

Séquelles

Conséquence de ma gastro, mon billet pour Dresde n'a été acheté qu'au dernier moment.

Résultat de cet achat impulsif : alors que H^2 et les germanofreaks du collège sont installés côte à côte aux premiers rangs, je me suis retrouvée au fin fond de l'appareil. Pour couronner le bouquet, j'étais coincée entre deux monstres en culottes courtes affligés d'une MP (Mère Passoire) assise sur un siège de la rangée d'à côté.

<u>Petit aparté sur la MP</u>

La MP est une espèce en voie d'apparition. Sa vision de l'éducation se résume à deux verbes : laisser faire !

Sa devise : avec le temps, ils finiront par se calmer.

Son futur proche : la prison pour infanticide ou l'internement d'office.

L'aîné ne cessait de frapper sa frangine qui hurlait sans discontinuer. Dès le début du vol, j'ai donc dû subir les affligeantes (et inefficaces) tentatives de leur MP.

– Dimitri chéri, je te l'ai déjà expliqué. Ce n'est pas gentil de taper ta sœur. Tu lui fais mal.

(Regard vide de l'intéressé.)

– Comment réagirais-tu si maman décidait à son tour de te taper ? Tu serais contrarié, pas vrai ?

(Pas la moindre étincelle d'angoisse.)

– En plus tu embêtes la... euh... jeune personne à tes côtés.

(Coup d'œil en biais et haussement d'épaules désabusé.)

J'ai profité de cette occasion pour proposer à la MP d'échanger son siège avec le mien.

– C'est gentil de votre part, mais je préfère qu'il s'habitue à être sage en société. De plus, je ne voudrais pas vous obliger à vous déplacer maintenant que vous êtes confortablement installée.

J'ai attrapé mon agenda pour vérifier. Le 1er avril, c'était bien il y a quinze jours.

J'ai passé le reste du voyage les écouteurs de mon iPod vissés sur les oreilles (puissance maximale) et les yeux fermés.

À l'arrivée, j'avais les nerfs totalement épluchés !

Prémonitions

Dès que j'ai repéré dans la foule des familles qui poireautaient la grosse dame affublée d'un sourire béat accompagnée d'une petite boule à couettes, j'ai eu un mauvais pressentiment.

Deux secondes après, la réalité m'a rattrapée de plein fouet. C'était moi qu'elles attendaient ! Je le savais, je le savais, je le savais.

Parfois je m'interroge. Est-ce que je ne serais pas un peu médium sur les bords ?

Lost in translation

Les cours d'allemand ne servent à rien. Les profs n'ont aucun sens des réalités.

Une fois arrivée dans la maison de ma famille d'accueil, j'ai été prise d'une folle envie de faire pipi. Personne n'ayant jamais pensé à m'apprendre le mot « WC » en allemand, j'ai tenté de mimer le problème. Mais la große Bertha (surnom dont j'avais décidé de gratifier la mère puisque, quand elle s'était présentée, je n'avais rien capté de son prénom) s'est contentée de m'observer en souriant comme si se trémousser dans tous les sens en serrant les jambes était un comportement normal.

J'ai donc dû endurer la visite de leur maison pièce par pièce avant de repérer les toilettes. Je m'y suis engouffrée. Quand j'en suis sortie, la petite boule à couettes m'attendait.

Depuis mon arrivée, elle n'avait eu de cesse de me toucher (peut-être voulait-elle vérifier que les Français n'étaient pas en papier mâché) et riait aux éclats dès que je prononçais un mot. Ou j'avais avalé un clown par inadvertance ou cette gamine était total siphonnée.

Quand j'ai pénétré dans la chambre qui m'avait été allouée (celle de miss Couettric) et que j'ai vu la déco (digne d'une poupée Barbie shootée à la Saint-Valentin), la vérité m'a terrassée. Barbarissime !

Je me suis plongée dans le programme que H^2 nous avait distribué avant de nous abandonner à nos familles respectives pour me remonter le moral. Résultat nul. Dès les premières lignes, les quelques grammes de bonne humeur qui me restaient se sont évaporés.

Programme

PROGRAMME

Cours d'allemand de 9 h 30 à 12 heures tous les jours.

Lundi après-midi : visite de la Hofkirche, une cathédrale catholique.

Mardi après-midi : visite de la Frauenkirche, une église évangélique baroque.

Mercredi après-midi : visite de la Russisch-Orthodoxe Kirche des Heiligen Simeon vom wunderbaren Berge (ouf !), une église russe orthodoxe…

J'ai stoppé net ma lecture et me suis écroulée sur le lit rouge en forme de cœur de miss Couettric. Une idée a soudain traversé mon cerveau désemparé. Je me suis relevée d'un bond pour attraper mon billet.

Je l'ai parcouru et me suis laissée retomber en arrière. J'aurais dû m'en douter. Il n'était ni échangeable ni remboursable. J'étais coincée ici pour les quinze prochains jours. Autant dire une éternité !

⊙ 15 AVRIL

Régime charcuterie

Déjà, le dîner de la veille m'avait sidérée. Saucisson et jambon en entrée suivis par des saucisses grillées accompagnées d'une bouillie dont la couleur oscillait entre le caca d'oie et le pipi de chat (selon l'éclairage) et un dessert non identifié (auquel je n'avais pas touché).

Mais qui aurait imaginé qu'ils recyclaient les restes au petit-déjeuner ? J'ai tenté de leur faire entrevoir mes préférences culinaires en m'élançant dans une énumération lexicale spécial petit-déj. Tartines ? Confiture ? Céréales ? Ils n'avaient pas la moindre idée de ce dont je parlais. Et pas seulement parce que je m'étais exprimée en gaulois !

☽ 16 AVRIL

Pause-café

Après le cours, j'ai proposé à Sammy de nous balader. Il m'a envoyée promener sous un prétexte navrant.

Monsieur se serait découvert une soudaine passion pour le patrimoine architectural allemand. Les saucisses avaient dû lui monter à la tête.

Je me suis discrètement éclipsée et réfugiée dans un café. J'ai allumé mon ordi et je n'ai plus bougé.

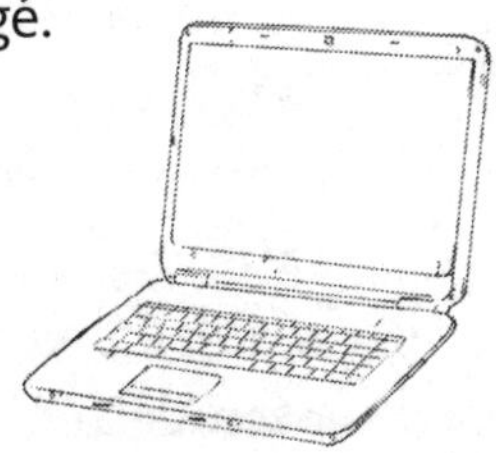

♂ 17 AVRIL

Tout compte fait

Ce soir, nous avons encore eu droit à un repas spécial charcuterie. Je m'étais fourvoyée. Ils ne recyclaient pas. Ils ne mangeaient que ça !

☿ 18 AVRIL

Morte saison pour les menhirs

Est-il possible de s'emmerder autant à l'étranger ? Oui, si votre famille d'accueil passe sa vie devant la télé (allemande non sous-titrée) et que votre meilleur ami a décidé d'assister à toutes les visites guidées.

♃ 19 AVRIL

Humour ostrogoth

On parle souvent de l'humour anglais. Or l'humour ostrogoth existe. Je le sais, je l'ai rencontré. Il mesure deux mètres douze, pèse au moins deux cents kilos (le fameux régime charcuterie) et se prénomme Gerwulf. Malgré ses quarante ans, question rigolade, l'Humour ostrogoth n'a pas franchi le cap de la puberté.

Ce matin, pour me réveiller, il a eu la fracassante idée de me balancer un seau d'eau froide sur le visage. Quand j'ai hurlé, la groẞe Bertha et miss Couettric ont débarqué et ont rejoint l'Humour ostrogoth dans sa crise d'hilarité. Quand ils ont vu ma tête, ils ont arrêté de se bidonner. L'Humour ostrogoth a même tenté de s'excuser. L'Humour ostrogoth espérait que je lui pardonnerais. L'Humour ostrogoth rêvait.

À compter de ce soir, je me barricaderai dans ma chambre et bloquerai la porte avec la commode rose bonbon aux poignées ailées pour empêcher ces barbares d'entrer !

♄ 21 AVRIL

Usurpation d'identité

Le programme prévoyait la visite du palais Japonais. J'ai donc exceptionnellement accepté d'y participer. Je n'ai qu'un commentaire à formuler, il est lamentable d'usurper le nom d'un pays pour déguiser un banal musée de la préhistoire et de l'ethnologie.

☉ 22 AVRIL

Visite libre

Je suis montée dans le premier bus que j'ai trouvé. Samuel n'a pas tort. Dresde est une ville plutôt intéressante quand on prend le temps de la parcourir. De somptueux bâtiments baroques côtoient des immeubles détruits pendant la Seconde Guerre mondiale. On aperçoit parfois les impacts des balles sur les murs. Quand nous sommes arrivés au terminus, j'ai repris le bus dans le sens opposé.

Pendant le retour, j'ai tenté de croquer quelques ruines sur mon bloc à dessin pour m'exercer vu que j'ai encore de sérieux progrès à faire question décors.

À quelques arrêts de mon point de départ, j'ai aperçu Samuel par la fenêtre. Il me tournait le dos, la tête penchée en avant. J'ai décidé de descendre au prochain arrêt pour le rejoindre.

Lorsque le bus a tourné, j'ai remarqué qu'il n'était pas seul. Yukino se tenait devant lui et si la tête de Sammy était penchée, c'est parce qu'il l'embrassait !

☽ 23 AVRIL

Marécage émotionnel

Samuel et Yukino. J'ai tourné et retourné cette vision d'horreur dans ma tête toute la journée.

Avant de me coucher, je n'étais toujours pas parvenue à l'effacer.

♂ 24 AVRIL

Opérette

Je les ai bien observés en cours ce matin. Samuel et Yukino font comme si de rien n'était. Lamentable !

☿ 25 AVRIL

Mots croisés

Hallucinant ! Samuel m'a proposé de passer l'aprèm avec lui.

– Tu ne vas pas visiter l'ancienne synagogue ? me suis-je étonnée.

– Non. Je préfère rester avec toi. Hier soir, j'ai réalisé que je ne t'avais quasiment pas vue des vacances et qu'on n'avait pas discuté depuis des lustres.

Des lustres ? Où avait-il été pêcher une expression pareille ? Dans un roman du XVIIIe ? Samuel ne lisant jamais, ça sentait l'influence yukinoesque à plein nez.

– Tu avais sûrement des trucs plus sexy à faire, ai-je suggéré.

Samuel n'a pas relevé.

– J'ai trouvé une salle d'arcades, m'a-t-il annoncé.

– Je croyais que tu détestais les jeux vidéo ?

– De temps en temps, je trouve ça amusant. Surtout avec toi. Et puis, ça me changera des visites guidées.

Et de Yukino, ai-je pensé. J'ai eu envie de lui crier d'arrêter de me pipeauter, de lui balancer que je les avais vus elle et lui en train de s'embrasser, qu'il pouvait cesser son délire « Guide Vert », que je savais qu'il ne s'était coltiné ces visites plombées que pour talonner miss Perfection. Mais il m'avait trop manqué alors je me suis contentée de hocher la tête et je me suis comportée comme eux. Comme si de rien n'était.

♃ 26 AVRIL

Code piétonnier

Le feu venait de virer au rouge. À peine m'étais-je engagée sur le passage clouté qu'un fou furieux m'a chopé le bras et m'a tirée en arrière d'un coup sec.

Après m'avoir relâchée, il a commencé à hurler et à gesticuler dans tous les sens en m'indiquant le petit bonhomme rouge du doigt.

Je n'ai rien pigé à ce qu'il déblatérait. Sauf une chose. Chez les Goths, il est VERBOTEN de traverser si le petit bonhomme est ROT. Et ce, même si la seule voiture susceptible de vous écraser n'a pas encore quitté son garage.

♀ 27 AVRIL

In extremis

J'ai découvert un coin génial sur l'autre rive de l'Elbe. Un petit paradis verdoyant. Je me suis assise au bord de l'eau et j'ai passé l'après-midi à rêvasser au soleil en regrettant un peu de ne pas avoir, dès le début de mon séjour, visité cette ville plutôt que m'enfermer dans mes préjugés.

Quand j'en ai eu assez, j'ai parcouru les ruelles du quartier de la *Neustadt* et me suis attablée dans un café où j'ai dégusté un des meilleurs gâteaux du monde, un *Eierschecke*. Qui a osé prétendre que les Allemands ne savent pas cuisiner ?

Sur le chemin du retour, j'ai réalisé que je partais demain. Et dire que je commençais à m'acclimater !

♄ 28 AVRIL

Bataille des deux Vaincus

Dans l'avion, l'hôtesse nous a distribué des sandwichs. Quand j'ai aperçu la saucisse qui dépassait du mien, j'ai manqué m'étrangler avec ma salive. Heureusement que j'avais pensé à m'acheter un *Eierschecke* avant le départ !

Retour vers le passé

Incroyable mais vrai ! Mes parents m'attendaient à l'arrivée. Que s'était-il passé ? Leur emploi du temps s'était-il soudain allégé ? Leur avais-je horriblement manqué ?

Quand mon père a attrapé d'un geste sec ma valise avant de s'élancer à la poursuite de ma mère qui se dirigeait au pas de charge vers l'entrée du parking, j'ai compris. Ils n'avaient pas eu le choix. Rosario ne travaillait pas le week-end.

Une fois dans la voiture, j'ai repensé à ma délirante famille allemande et aux adieux larmoyants de la große Bertha et de miss Couettric. Un soupçon de nostalgie m'a alors submergée.

Slither, Velvet Revolver

HOME SWEET HOME

Ma chambre, mon bureau, ma PS, mon chat. C'est fou ce qu'ils m'avaient manqué.

Pour fêter l'événement, j'ai offert une cuillerée de lait concentré à Kyô et passé le week-end à dessiner les portraits de mes personnages secondaires préférés.

Dimanche soir, avant de m'endormir, j'ai pensé à un titre pour mon futur manga. Pourquoi pas *Ma vie et moi* ?

Losing My Religion, R.E.M.

Mai

MOIS DU RIZ

♂ 1er MAI

Sortilège, le retour

Je suis à court de crayons HB et évidemment la papeterie est fermée pour cause de jour férié.

♃ 3 MAI

Déprime passagère

Ma mère est restée au lit.

– Elle ne doit être dérangée sous aucun prétexte, m'a rappelé mon père avant de s'enfuir à son cabinet.

Comme si je risquais d'oublier. C'est la même histoire. Chaque année. Le 3 mai.

Depuis que je suis toute petite, je m'interroge sur les raisons de cet affaiblissement à date fixe. Qu'est-ce qui a pu se produire ce jour-là ? J'ai posé la question à plusieurs reprises à mes parents. Ils ne m'ont jamais répondu. Peut-être est-ce le jour où elle a commis l'erreur de m'adopter ?

♀ 4 MAI

Dépresso-maniaque

Ma mère est debout. Elle ne devrait pas se reposer. Elle est comme Kyô. Le manque d'activité lui vrille les nerfs. Résultat, le 4 mai, elle est toujours surexcitée. Trop énervée pour jouer du piano, elle cherche à s'occuper. De moi.

En particulier.

Aujourd'hui n'a pas fait exception à sa règle. Thème du petit-déjeuner : mon problème « ongles rongés ».

– On pourrait aller dans une onglerie après tes cours, m'a-t-elle proposé.

– Une quoi ? ai-je sursauté.

– Un endroit où ils s'occupent des ongles. Je ne connais pas le terme exact.

– Pour quoi faire ? J'ai pas d'ongles, ai-je grogné en replongeant le nez dans mon thé au lait.

– Justement. Ils pourraient t'en poser des faux.

– Des faux ? ai-je répété.

– Oui, des ongles en plastique. Ils…

– Je sais ce que c'est. Je ne vis pas sur la Lune, l'ai-je coupée. J'essaie juste d'imaginer ces trucs. Sur mes doigts. Désolée, j'ai beau me concentrer, je parviens pas à visualiser.

Je mentais. J'arrivais parfaitement à imaginer le résultat. Des griffes à la Kyô maquillées version Undertaker* de *Black Butler**.

Ma mère a paru lire dans mes pensées puisqu'elle a précisé :

– Tu n'es pas obligée de les garder longs, tu sais. Ni d'appliquer du vernis. Je suis certaine qu'il est possible de donner à de faux ongles un aspect naturel. Tu devrais essayer. Peut-être que cela permettrait aux tiens de repousser en dessous.

– Hum… ai-je marmonné.

J'ai vidé la fin de mon thé dans l'évier et je les ai plantés là. Ma mère et son café.

Sur le chemin du collège, j'ai pris une résolution. À compter de cette année, le 4 mai, je prétexterai moi aussi une dépression soudaine et resterai alitée. Histoire de les éviter. Elle et ses idées manucurées.

♄ 5 MAI

À tu et à toi

Mon cœur battait à tout rompre. Je ne l'avais pas revu depuis notre dîner, il y a un mois, et j'avais la trouille. De ne plus savoir quoi dire. De le décevoir. D'être déçue.

Quand j'ai poussé la porte du *Clair de Lune*, je l'ai aussitôt repéré. Il sirotait un thé glacé à sa place habituelle.

Il portait un tee-shirt aux manches courtes qui dévoilait ses tatouages. Je ne m'étais pas trompée. Un magnifique dragon ornait son bras droit. Quant au gauche, un unique mot y figurait. Protégé de deux ailes bleues. « Ange. »

Dès qu'il a levé les yeux vers moi et qu'il m'a enveloppée de son regard doux, la tension est retombée. Le temps que je m'asseye face à lui, j'étais lancée. Je l'ai abreuvé des micro-événements ayant jalonné mon mois d'avril. La visite de ma grand-mère, ma gastro, mes simili-vacances, Samuel et Yukino, la crise de ma mère...

Quand je me suis enfin arrêtée, j'ai réalisé que ma bouche était sèche d'avoir trop parlé et que le temps avait filé.

– Bon Hatedoro, je dois y retourner. On se voit la semaine prochaine ?

– Même heure, même endroit, ai-je confirmé.

– D'ici là prends bien soin de toi et... n'oublie pas de dessiner ! m'a lancé Takeshi.

Heureusement qu'il ne m'a pas jeté un dernier coup d'œil avant de s'éclipser. Je devais avoir les yeux écarquillés et la bouche grande ouverte.

Circonstance atténuante pour cette interprétation surjouée d'une carpe en train de s'asphyxier : il m'avait tutoyée !

☉ 6 MAI

HS

J'ai révisé mes cours toute la journée. J'ai dessiné jusqu'à pas d'heure. Résultat, je me suis couchée à 4 heures du mat. Terrassée.

☽ 7 MAI

Effet papillon

Je suis exclue du cours d'anglais pour une semaine. J'étais tellement crevée que je me suis assoupie au beau milieu des verbes irréguliers.

Personne ne se serait rendu compte de rien SI cette folle de Yukino ne m'avait pas tapé sur l'épaule pour me réveiller, je n'étais pas partie en arrière avec ma chaise sous le coup de la surprise, je ne m'étais pas écroulée sur le lino sous les yeux éberlués de Big Ben (aka Christopher Winston, notre prof d'anglais).

♂ 8 MAI (MATIN)

Unagi Kabayaki

Samuel m'a téléphoné dans la matinée et m'a proposé d'aller boire un pot. Pour que Samuel prenne le risque de :

- sortir de chez lui
- en pleine semaine
- pour se rendre dans un café
- sans en avoir préalablement référé à Inukaï…

c'est qu'il y avait *unagi* sous roche.

8 MAI (APRÈS-MIDI)

Petites confidences entre amis

À peine étions-nous installés dans un box que Samuel s'est lancé.

– J'ai envie de t'en parler depuis un moment mais je n'ai pas osé…

– Mmm… ai-je marmonné.

Je me doutais déjà de l'endroit où il voulait se rendre.

– C'est compliqué... Je... s'est-il embrouillé.

Il a baissé la tête d'un air gêné. On n'était pas près d'arriver.

– Enfin ce que je voudrais t'expliquer c'est que... a-t-il repris avant de se taire à nouveau.

– ... tu sors avec Eugénie, ai-je fini à sa place.

Samuel a relevé la tête d'un mouvement brusque.

– Comment ? Tu... Tu le savais ? s'est-il étranglé. Mais pourquoi tu ne m'as rien dit ?

– Ben c'était plutôt à toi de me l'annoncer, non ?

– Comment l'as-tu appris ? Nous n'en avons parlé à personne et nous ne nous sommes jamais affichés ensemble.

– Sauf à Dresde. Je vous ai aperçus depuis la fenêtre d'un bus en train de vous bisouiller, ai-je précisé en haussant les épaules.

Il est devenu rouge écrevisse avant de s'écrier, paniqué :

– Tu crois que ma mère est au courant ?

– Elle est comment en ce moment ?

– Hystérique vingt-quatre heures sur vingt-quatre. Obsédée par mes résultats. Elle est persuadée que je vais redoubler. Hier soir, elle a crisé quand elle a découvert mon dernier devoir de maths sous mon matelas.

– Qu'est-ce qu'il foutait là ?

– Je l'avais momentanément égaré, s'est justifié Samuel.

– Sous ton matelas ?

– Ça arrive ! m'a-t-il assuré.

Je n'ai pas relevé. En matière de mensonges crédibles, Samuel a encore des progrès à faire. Comme dans beaucoup d'autres d'ailleurs.

– Bref, pas de changement majeur dans son comportement ? ai-je résumé.

– Non, a-t-il reconnu.

– Alors tu peux arrêter de flipper. Elle sait que dalle.

Samuel a soufflé un grand coup avant de revenir à ses amours.

– Tu en penses quoi ?

– De quoi ? ai-je feint de ne pas capter.

– D'Eugénie et moi.

– Je ne sais pas trop. Ce sont vos histoires. Je n'ai pas à m'en mêler, ai-je biaisé.

Sammy m'a jeté un regard désemparé.

– Mais vous allez bien ensemble, ai-je fini par lâcher.

– Tu trouves ? a hésité Samuel. Parfois je me demande si je lui plais vraiment. Si je ne suis pas juste un petit ami pour essayer avant le lycée.

Afin de le rassurer, je lui ai raconté la conversation que j'avais interceptée dans les toilettes.

– Tu es certaine que c'était elle ? m'a-t-il interrogée d'un ton fébrile.

– Sûre et certaine ! ai-je affirmé. Sur le moment, sa voix m'a semblé familière mais je ne suis pas parvenue à coller un nom dessus. Jusqu'à ce que je vous surprenne en train de vous embrasser. Cette fille est folle de toi, Sammy. C'est évident.

Les yeux de Samuel pétillaient de joie et un grand sourire est apparu sur ses lèvres.

– Tu es vraiment la meilleure amie qu'on puisse avoir ! m'a-t-il affirmé.

– Euh, j'y suis pour rien moi.

– Peut-être... N'empêche que si tu ne m'avais pas jeté le 1er janvier, jamais je ne l'aurais rencontrée.

Génial ! Incessamment sous peu je me verrai remettre le titre de Marieuse Officielle. Quand il a remarqué ma tête, Samuel a cru bon de m'assurer :

– Je suis certain que quand tu la connaîtras mieux tu apprécieras Eugénie.

Ben voyons ! Nous sommes dans la même classe depuis la sixième. D'après ce qu'elle a confié à l'inconnue des toilettes, elle est persuadée que je suis psychorigide et tarée. Quant à moi, son côté sainte nitouche m'est toujours sorti par les trous de nez. Mais bon, l'espoir fait vivre... Samuel !

8 MAI (SOIRÉE)

Damned

De retour à mon bureau, j'ai réalisé que mon marqueur était à sec. Pour me changer les idées, j'ai allumé la télé.

♃ 10 MAI

Rakugo*

Pitbull m'a convoquée. Damned, ai-je aussitôt pensé. Elle était au courant de mon exclusion du cours d'anglais et j'allais encore devoir subir ses remarques acidulées sur mon comportement.

J'ai retiré la grosse bague en argent à tête de mort que je portais à nouveau depuis l'arrivée de mon dernier bulletin, j'ai relacé mes tennis, j'ai plaqué ma mèche derrière mon oreille, j'ai déroulé les manches de mon tee-shirt et je suis entrée dans son bureau. Pitbull était plongée dans un dossier. Je me suis assise sur une chaise et j'ai attendu qu'elle relève la tête.

– Ah vous êtes là, mademoiselle Waldenberg, a-t-elle fini par constater.

(Genre j'étais tellement concentrée que je ne vous ai pas entendue débarquer.)

– Si je vous ai convoquée... a-t-elle commencé. Attendez ! Laissez-moi me saisir de votre dossier.

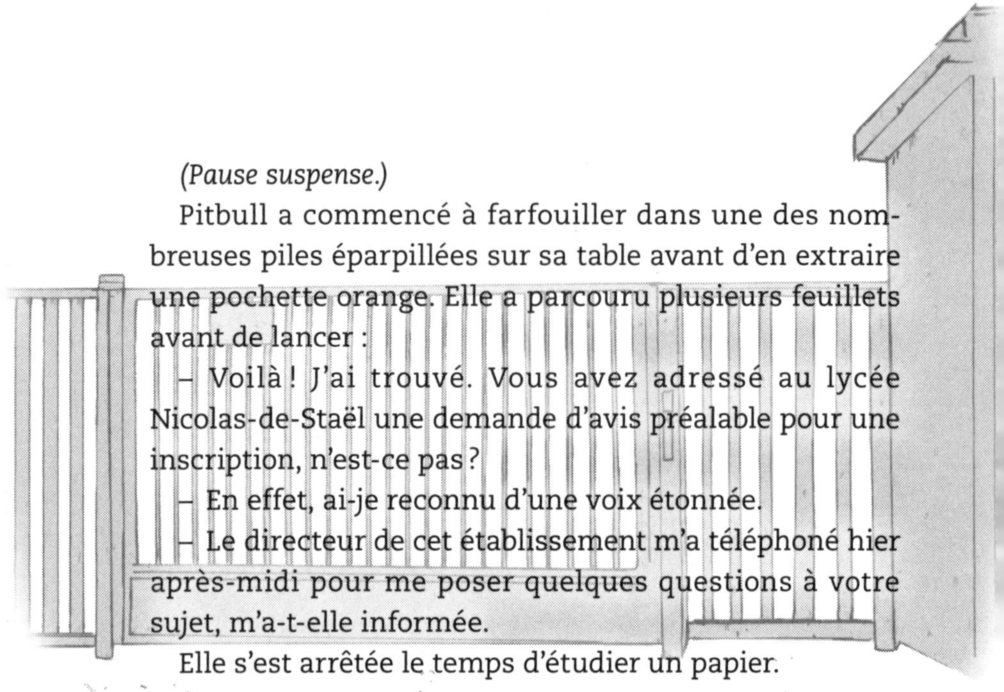

(Pause suspense.)

Pitbull a commencé à farfouiller dans une des nombreuses piles éparpillées sur sa table avant d'en extraire une pochette orange. Elle a parcouru plusieurs feuillets avant de lancer :

– Voilà ! J'ai trouvé. Vous avez adressé au lycée Nicolas-de-Staël une demande d'avis préalable pour une inscription, n'est-ce pas ?

– En effet, ai-je reconnu d'une voix étonnée.

– Le directeur de cet établissement m'a téléphoné hier après-midi pour me poser quelques questions à votre sujet, m'a-t-elle informée.

Elle s'est arrêtée le temps d'étudier un papier.

(Re-pause suspense.)

Avant de reprendre :

– Il paraissait très impressionné par vos résultats. Toutefois il était intrigué par ma remarque concernant votre attitude sur votre bulletin du premier trimestre ainsi que par vos soudains progrès dans certaines matières. Il voulait savoir ce que j'en pensais.

Pitbull a relevé la tête et m'a fixée de ses yeux perçants.

(Re-re-pause suspense.)

Elle a esquissé un sourire indéterminé. Moqueur mais doux. Féroce mais confiant.

– Je lui ai répondu… a-t-elle repris avant de s'interrompre à nouveau pour essuyer ses lunettes avec un chiffon.

(Décidément, elle savait tenir son public en haleine. Un vrai rakugoka !)

– … que mon commentaire n’avait pour objectif que de vous mettre en garde et que, depuis, votre comportement avait été irréprochable. Quant à vos progrès, je lui ai expliqué que vous aviez toujours été une élève brillante et que vous aviez gagné en maturité cette année. Je lui ai assuré que vous étiez motivée et que vous ne relâcheriez pas vos efforts si vous intégriez son établissement. Je pense l’avoir convaincu. Je vous fais donc confiance pour continuer sur votre lancée, a-t-elle conclu en refermant mon dossier.

– Promis, l’ai-je pipeautée.

Une fois le lycée Notre-Dame évité, je comptais bien reprendre mes anciennes habitudes et ne plus me consacrer qu’à mes matières adorées.

– Je vous remercie madame, ai-je ajouté.

Cette phrase prononcée, Pitbull a replongé le nez dans ses papiers. Je me suis levée pour partir.

– Théodora, m’a-t-elle lancé alors que je m’apprêtais à refermer la porte de son bureau derrière moi.

– Oui, madame ?

– Votre bague.

– Quelle bague ? ai-je murmuré d’un ton faussement ahuri.

– Celle avec une tête de mort.

Je l'ai dévisagée de mon air le plus niais.

– Si vous pouviez la conserver dans votre poche jusqu'aux vacances d'été, vous m'en verriez ravie, a-t-elle observé avec un sourire narquois.

– *Of course*, ai-je grommelé avant de filer.

Cette femme n'est pas humaine. C'est un Alien. Avec des yeux derrière la tête.

♄ 12 MAI

Astrorire

– Vous êtes né quand ? ai-je demandé à Takeshi alors que nous dégustions en chœur notre thé glacé.

– Le 31 octobre.

– Le jour d'Halloween, ai-je constaté.

– En effet. Et toi ?

– Mon anniv est déjà passé. Je suis née le 27 mars.

– Ah ! Ah ! Un Bélier. Cela ne m'étonne pas, a-t-il souri d'un air énigmatique.

– Pourquoi ?

– N’affirme-t-on pas que les béliers foncent toujours tête baissée et ne réfléchissent qu’après ? m’a-t-il taquinée.

J’ai soupiré, levé les yeux au plafond, croisé les bras sur ma poitrine et feint d’être vexée. Mais je n’ai pas pu retenir un petit ricanement révélateur.

Le sourire de Takeshi s’est aussi transformé en éclat de rire. Très vite, je l’ai rejoint.

Deux secondes après, nous étions pliés de rire sur nos chaises, laissant refroidir notre thé.

⊙ 13 MAI

Survol

J’ai vaguement révisé mes cours pour le brevet blanc. De toute façon, je n’ai pas à m’inquiéter. Avec mes notes en contrôle continu, même si je ne le passais pas, je l’aurais !

☽ ♂ 14 ET 15 MAI

R.A.S.

Pas de surprise. J'ai réussi les épreuves du brevet blanc les doigts dans le nez !

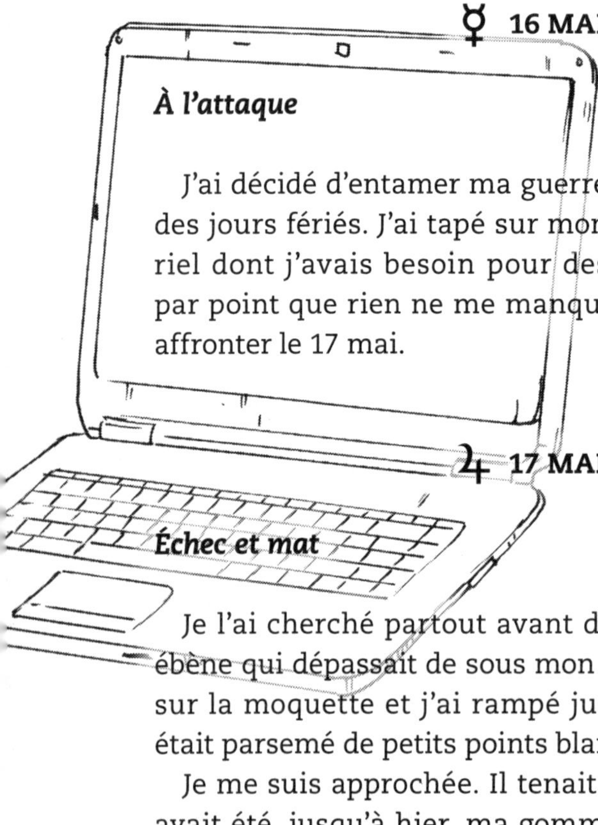

☿ 16 MAI

À l'attaque

J'ai décidé d'entamer ma guerre contre la malédiction des jours fériés. J'ai tapé sur mon ordi la liste du matériel dont j'avais besoin pour dessiner et vérifié point par point que rien ne me manquait. J'étais armée pour affronter le 17 mai.

♃ 17 MAI

Échec et mat

Je l'ai cherché partout avant de remarquer sa queue ébène qui dépassait de sous mon lit. Je me suis allongée sur la moquette et j'ai rampé jusqu'à lui. Son museau était parsemé de petits points blancs suspects.

Je me suis approchée. Il tenait dans sa gueule ce qui avait été, jusqu'à hier, ma gomme mie de pain. Quand j'ai essayé de la lui arracher, il m'a balancé un coup de patte.

Les jours fériés ont encore gagné. Non seulement je n'ai plus de gomme mie de pain mais j'ai le nez égratigné.

Je suis damnée !

♀ 18 MAI

Télésuspension

Takeshi m'a appelée dans la soirée. C'était étrange d'entendre sa voix au téléphone. Elle était plus rauque, plus distante. J'étais si mal à l'aise que je n'ai quasiment pas parlé. J'ai juste acquiescé quand il m'a proposé de visiter le Centre Pompidou dimanche matin plutôt que de nous retrouver demain au *Clair de Lune.*

Je devrais répondre plus souvent au téléphone.

Histoire de m'habituer.

♄ 19 MAI

L'art et la matière

Pour me préparer à l'épreuve d'histoire de l'art de mardi, j'ai potassé le bouquin recommandé par miss Carlson. Pas aussi palpitant que *Monster* mais moins chiant que je ne l'avais redouté en le soupesant. Il faut reconnaître que j'étais supra-motivée. Hors de question de passer pour une cruchette inculte demain matin au musée !

⊙ 20 MAI

Rencontre du troisième type

Incroyable ! En vrai les œuvres n'ont rien à voir avec leurs reproductions sur le Net. On perçoit les nuances de chaque trait de crayon, de chaque coup de pinceau. On discerne la matière. Sa puissance. Sa brutalité.

Alors que je parcourais une salle, un truc hallucinant s'est produit. J'ai ressenti une présence derrière moi. Je me suis retournée. Une femme nue au corps déformé me dévisageait depuis l'embrasure d'une porte coulissante. J'ai voulu m'approcher d'elle, mais je me suis soudain sentie si faible que j'ai dû m'allonger sur le sol pour ne pas tomber dans les pommes.

– Ce tableau de Francis Bacon s'intitule *Female nude standing in doorway* et date de 1972, m'a indiqué Takeshi.

J'ai redressé lentement la tête.

– C'est... c'est dément. Je ne comprends pas pourquoi cette toile me fait autant d'effet. J'ai manqué m'évanouir, lui ai-je expliqué.

– C'est le syndrome de Stendhal, a affirmé mon ami japonais.

– Le quoi ?

Takeshi s'est penché vers moi et m'a tendu la main pour m'aider à me relever.

– Ce terme est utilisé pour décrire la sensation de vertige qui frappe certaines personnes à la sensibilité exacerbée lorsqu'elles sont exposées à une surcharge d'œuvres d'art ou à une œuvre qui les bouleverse particulièrement, m'a-t-il

éclairée. Parfois, cela peut même entraîner un évanouissement voire des hallucinations.

– Ça vous est déjà arrivé ?

– Plus d'une fois ! m'a-t-il assuré.

– Quel rapport avec l'écrivain ? lui ai-je demandé.

– La petite histoire veut qu'il ait vécu une expérience similaire lors d'un voyage en Italie en 1817.

En sortant du musée, j'ai proposé à Takeshi de déjeuner dans le coin, mais il avait un rendez-vous.

– À bientôt, Hate-chan*, m'a-t-il lancé avant de s'engouffrer dans un bus.

Je l'ai regardé s'éloigner, un sourire niais scotché sur le visage. Il m'avait appelée Hate-chan !

De retour dans ma chambre, je me suis précipitée sur mon clavier. J'ai imprimé des pages et des pages sans m'arrêter. À la nuit tombée, mon miroir de sorcière était entouré d'étranges tableaux aux visages déformés.

♂ 22 MAI

Figure avec viande

L'épreuve d'histoire de l'art s'est super bien déroulée. Pas de souci pour répondre au QCM. Quant à la deuxième partie, il s'agissait d'analyser un tableau. Un de ceux figurant dans le fascicule qui nous avait été remis ou une toile de notre choix.

J'ai opté pour la deuxième proposition et disserté sur une des œuvres de mister Bacon que j'avais découvertes dimanche sur le Net : *Figure with meat* (1954).

♀ 25 MAI

Snapshot

Après les photos d'identité, la photo de classe ! À l'instar de la fois précédente (le 9 septembre), ces malades avaient programmé le shooting à la sortie du cours d'EPS. Version chlorée cette fois !

♄ 26 MAI

Plongée dans le passé

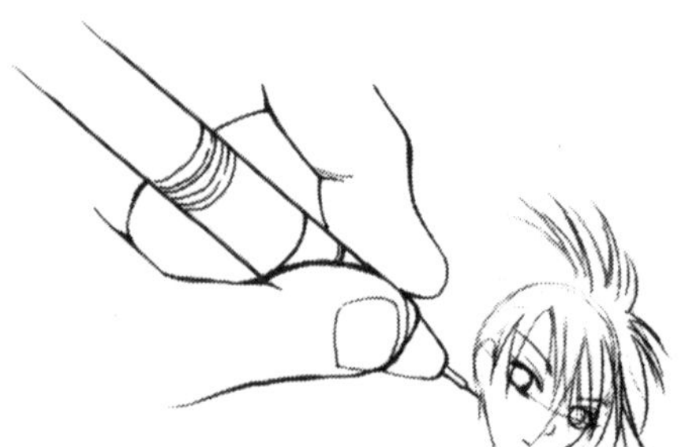

J'étais en train de m'acharner sur un croquis quand quelqu'un a frappé à la porte de ma chambre.

– Entrez ! ai-je crié en refermant mon bloc d'un coup sec.

– Comment se fait-il que tu sois encore là ? Tu n'as pas rendez-vous avec ta psy ? m'a interrogée ma mère en s'approchant de mon bureau.

– Hein ?

– Ton rendez-vous avec ta psy, a-t-elle répété.

– Ah… euh… ouais, ai-je bredouillé. Elle est malade.

– Encore ? s'est étonnée ma mère à qui j'avais déjà dégainé le même bobard samedi dernier.

– Ben ouais.

Elle a haussé les épaules et est sortie de ma chambre. J'ai replongé le nez dans mon bloc.

Deux minutes plus tard, ma mère est réapparue. Sans daigner frapper cette fois.

– Théo ! Qu'est-ce que c'est que cette histoire ? a-t-elle jeté d'une voix menaçante.

J'ai levé les yeux vers elle. Ses joues étaient couvertes de taches rouge pivoine et ses yeux lançaient des éclairs.

– Quelle histoire ? ai-je marmonné.

– Ta psy ! Je viens de lui téléphoner. Elle m'a affirmé que tu n'es jamais retournée la voir après votre première séance.

– On ne pourrait pas parler de ça un autre jour ? Je suis en plein boulot là moi, ai-je tenté.

– Hors de question ! Ton père et moi t'avons accordé notre confiance. Après cet incident au collège, nous sommes convenus de ne pas te punir. Comme tu paraissais mal dans ta peau, nous avons pensé qu'une thérapie t'aiderait.

Vu que je ne répondais pas, elle a continué :

– J'ai même arrêté de t'y accompagner, sur les conseils de ton père, pour ne pas t'embarrasser et voilà comment tu réagis !

Genre « et non parce que cela me conduisait à dilapider un temps précieux. »

– C'était nul. Ça servait à rien, ai-je grogné.

– Alors pourquoi as-tu feint de t'y rendre depuis le début de l'année ? s'est-elle énervée de plus belle.

– Pour te faire plaisir !

Le visage de ma mère a viré au cramoisi et j'ai cru qu'elle allait s'étouffer.

– Ne te moque pas de moi ! a-t-elle hurlé. Tu es incapable de te résoudre à quoi que ce soit pour agréer qui que ce soit. Tu ne penses qu'à toi.

– Je rêve, me suis-je rebiffée. Comment oses-tu me balancer ça ? Toi qui ne t'intéresses à moi que tous les trente-six du mois. Et encore !

– Ne dis pas n'importe quoi, Théodora. Bien sûr que je m'intéresse à toi. Tu es ma fille, s'est-elle soudain radoucie.

– Ta fille ? Alors pourquoi n'avez-vous aucune photo de moi avant mes trois ans ? ai-je rebondi.

– Je ne vois pas le rapport, a-t-elle sursauté.

– Je pense plutôt que tu refuses de m'avouer la vérité, ai-je rétorqué.

– Quelle vérité ?

– Que je suis une enfant adoptée !

Ma mère s'est figée, les yeux écarquillés. Elle paraissait sincèrement sidérée.

– Mais tu n'as pas été adoptée ma chérie, a-t-elle affirmé. Où as-tu été chercher une idée aussi saugrenue ?

– Pourquoi n'y a-t-il aucune photo de moi enfant alors ? ai-je insisté.

Un silence de mort a envahi la pièce. J'ai observé ma mère. Son regard était devenu étrangement fixe. Le temps paraissait suspendu. Après un long moment, elle a fini par reconnaître :

– Parce qu'elles ont été brûlées.

– Brûlées ? Pourquoi ?

– Parce que tu y apparaissais toujours aux côtés de ton frère.

– Mon frère ? Quel frère ? Je suis fille unique, ai-je protesté.

– Aujourd'hui oui. Mais tu as eu un frère.

Ne sachant plus quoi répondre, j'ai préféré me taire. Les yeux de ma mère se sont embués.

– Il est mort, a-t-elle fini par lâcher avant de se précipiter hors de ma chambre.

J'ai hésité à la poursuivre. Je n'ai pas bougé. J'ai observé mon dessin. Je n'avais plus le courage de l'achever. Je me suis allongée sur mon lit, j'ai pris Kyô dans mes bras et j'ai fermé les yeux. Pour m'échapper.

27 MAI

Perdu de vue

J'ai un frère.

Enfin j'ai eu un frère.

J'essaie de m'habituer à cette idée.

J'ai du mal.

Pourquoi est-ce que personne ne m'en a jamais parlé ? Comment se fait-il que je n'aie pas le moindre souvenir de lui ?

☽ 28 MAI

Motus

J'ai tenté d'évoquer le sujet fraternel avec mon père, mais il m'a envoyée balader sous prétexte qu'il avait du travail.

Quant à ma mère, elle s'est réfugiée en Autriche pour un concert. Avant son départ, j'ai bien tenté de lui en parler, mais elle aussi m'a envoyée promener.

– Une autre fois, Théo. Là je suis pressée, m'a-t-elle expliqué avant d'effleurer ma joue de sa main et de se jeter dans le taxi qui l'attendait.

Thérapie groupée

Plus j'y pense et plus j'en suis convaincue. Mes parents ont vraiment un problème. Quand on y réfléchit à tête reposée, il est clair que ce sont eux qui auraient besoin de se faire psychanalyser. Vu que :

1) Ils se réfugient dans leur travail à longueur de journée.

2) Ils passent leurs quelques heures de temps libre à s'engueuler.

3) Ils m'ont caché l'existence de mon frère aîné pendant des années.

4) Même aujourd'hui, alors que la vérité a enfin éclaté, ils refusent toujours d'en discuter.

5) Ils ont poussé le déni jusqu'à brûler toutes les photos sur lesquelles il apparaissait.

Pourquoi ?

Que s'est-il réellement passé ?

Ont-ils quelque chose à se reprocher ?

À me reprocher ?

Je n'en ai aucune idée.

Je ne me souviens de rien.

♂ 29 MAI

Combustion spontanée

Mon frère s'appelait Maximilien.

Il avait cinq ans de plus que moi.

Une voiture l'a renversé alors qu'il faisait du vélo.

Il est resté huit mois dans le coma.

Et puis il est mort.

Un 3 mai.

Il était blond avec des yeux bleus. Mon portrait craché.

Si j'ai appris tout ça, c'est grâce à Rosario. Elle m'a offert une photo aux coins brûlés sur laquelle j'apparais à ses côtés.

Je l'ai dissimulée sous mon oreiller.

☿ 30 MAI

Veilleur de nuit

J'ai observé la photo de mon frère avant de m'endormir.

J'ai eu l'impression qu'il me souriait.

De là où il était.

Once Upon a Time, The Smashing Pumpkins

PREMIER ESSAI

Raconter une histoire (même un succédané de la mienne) en plusieurs planches est plus compliqué que je ne l'imaginais. Ma première tentative était si affligeante que j'ai tout déchiré.

J'ai peut-être un don pour croquer des personnages comme l'affirme Takeshi, mais question décors, découpages et dialogues, c'est vraiment pas gagné !

Alors que j'envisageais d'abandonner et de retourner à ma télé, je me suis remémoré la réponse que Bacon avait offerte à un journaliste qui lui demandait où il avait appris à peindre : « Je me suis juste contenté d'essayer. »

J'ai respiré un grand coup, attrapé une feuille et un crayon et je l'ai imité.

Time is Running Out, Muse

Juin

MOIS DE L'EAU

♀ 1er JUIN

Divorce à l'amiable

Un vendredi soir tel que je les adorais. J'étais divinement installée (un verre de Coca glacé à portée de ma main gauche, un paquet de chips sur le côté, ma Dualshock entre les doigts et le dernier FF* enclenché) quand Leandro a déboulé dans ma chambre.

– Ça ne va pas ? me suis-je inquiétée quand j'ai remarqué la mine effondrée avec laquelle il m'observait.

– Si, si, a-t-il marmonné en se dandinant d'un pied sur l'autre.

– Pourquoi tu tires cette tronche alors ?

Leandro s'est contenté de baisser les yeux d'un air gêné.

– Bon, Leandro si tu n'as rien à me dire, laisse-moi jouer en paix ! me suis-je agacée.

– Tu sais... à propos de notre mariage... a-t-il bredouillé.

Merde ! J'avais zappé cette histoire d'épousailles.

– ... eh bien ça va plus être possible, a-t-il chuchoté.

Comme je ne répondais rien, il a ajouté :

– Salma m'a demandé en mariage.

– Et tu as accepté ? ai-je feint de m'offusquer.

– J'étais obligé, a-t-il soupiré. Elle a dit que si je refusais elle répéterait à toute la classe que je suce encore mon pouce.

– Ah… me suis-je contentée de répondre.

– Tu n'es pas trop triste ? s'est-il inquiété.

J'ai réprimé un sourire.

– Si, évidemment, ai-je menti. Mais je suis sûre qu'avec le temps je finirai par m'en remettre.

– Promis ?

– Juré, craché !

Leandro est sorti en trombe de ma chambre, a dévalé les escaliers et s'est précipité dans la cuisine en hurlant :

– Maman, Théo, elle est d'accord pour divorcer !

– Parfait, ai-je entendu mon ex-future belle-mère approuver.

Une bonne chose de réglée ! Je pouvais à présent me plonger dans l'univers d'Hironobu Sakaguchi, lancer une attaque magique avec l'élément Glace pour me débarrasser du premier Bombo venu et massacrer un Tomberry. En toute sérénité.

♄ 2 JUIN

Embuscade

Quand j'ai débarqué dans la cuisine, mes chers parents m'y attendaient.

– Qu'est-ce que vous fichez là ? ai-je grogné en me précipitant vers la bouilloire.

– Bonjour à toi aussi, ma chérie, a répondu ma mère d'un ton sarcastique.

– Mmm… ai-je grommelé en guise de salut.

– À propos de cette histoire de psy… a commencé mon père.

Je l'ai dévisagé d'un air mauvais.

Il était 10 heures du matin. J'avais mal dormi. J'étais fatiguée. Je n'avais pas encore avalé mon thé au lait. Bref, je n'étais pas disposée à débattre. Thérapie & Cie en particulier.

– Aucun autre « incident » ne s'est produit depuis des mois, tes notes ont augmenté comme ton dernier bulletin en témoigne et tu sembles t'être… disons… calmée, a-t-il continué.

– Même si tu es toujours aussi peu sociable, a souligné ma mère.

– Ta mère et moi avons donc décidé de ne pas te forcer à retourner chez ta psy, a conclu mon père.

Pas la peine d'organiser une réunion au sommet pendant le petit-déjeuner pour m'annoncer ça !

– Parfait. Bonne journée, ai-je bougonné.

– Et pour l'argent ? m'a-t-il arrêtée alors que je m'apprêtais à m'enfuir avec mon thé.

– Quel argent ?

– Celui des séances auxquelles tu n'as pas assisté. Tu n'as pas tout dépensé, j'espère ? s'est-il soudain inquiété.

– Non, ai-je soupiré. Je n'y ai pas touché.

Et pour cause !

Je pensais conserver ces économies psychanalytiques pour m'offrir la nouvelle PS et divers accessoires indispensables à la rentrée. J'estimais le mériter. Mes fulgurants progrès étaient le fruit d'un travail acharné. Le mien. Sur moi-même.

– Mets les billets dans une enveloppe et glisse-la dans le premier tiroir de gauche de mon bureau, m'a-t-il recommandé.

De vrais rats. Toujours à compter.

J'étais si scandalisée que je les ai plantés là. Avec leurs cafés et leurs calculettes neuro-intégrées.

☽ 4 JUIN

Cliché

À la fin du cours de maths, Redbull nous a distribué nos photos de classe.

J'y ai jeté un œil. Le résultat pulvérisait mes pronostics les plus sombres. Deuxième rang à gauche, cheveux trempés et plaqués sur le crâne, cicatrice dévoilée, en train de se gratter l'œil droit (qui avait choisi ce moment crucial pour se décider à me démanger).

Dilemme insurmontable. Que faire ? La déchirer maintenant ? Ou attendre d'être rentrée à la maison pour la brûler au quarantième degré ?

Cliché bis

Sur le chemin du retour, j'ai repensé à la photo à demi consumée de mon frère. J'avais passé la soirée d'hier à l'observer en espérant qu'un souvenir effleurerait enfin ma mémoire. Peine perdue. Mon esprit semblait l'avoir gommé.

En franchissant la porte d'entrée, j'ai pris une décision. J'allais interroger la seule personne qui avait accepté de m'en parler. Je l'ai retrouvée dans la cuisine. En pleine séance de balayage.

– Rosario ? l'ai-je interpellée.

– Hum… a-t-elle marmonné en continuant à balayer.

– Je peux te poser une question ?

– Hum…

– C'est à propos de mon frère.

Le visage de Mam s'est teinté de tristesse. Elle a posé son balai et s'est laissée tomber sur une chaise. Sans me regarder.

– Comment se fait-il que je ne me souvienne pas de lui ?

– Tu étais toute petite, mon cœur, a-t-elle murmuré.

– J'avais trois ans, ai-je objecté.

– Exactement.

– Il y a bien des gens qui se souviennent de choses quand ils avaient trois ans, non ?

– Je ne sais pas… a-t-elle hésité.

– Et puis c'était mon frère quand même.

– Peut-être as-tu préféré oublier, a-t-elle analysé.

– Comme mes parents ?

Rosario a feint de ne pas m'entendre.

– Pourquoi n'en parlent-ils jamais ? ai-je insisté.

– …

– Et pourquoi ont-ils brûlé toutes les photos sur lesquelles il apparaissait ?

Rosario a relevé la tête et a planté ses yeux tendres dans les miens.

– Ça, mon cœur, c'est à eux de te l'expliquer. Pas à moi.

– Mais ils refusent d'en discuter…

– Il faut laisser le temps au temps, a-t-elle soufflé dans une imitation involontaire de mon ami japonais.

J'ai soupiré et me suis assise face à elle.

– Il était comment mon frère ?

Un doux sourire est apparu sur les lèvres de Rosario.

– Il te ressemblait beaucoup physiquement. Blond, frêle, avec de magnifiques yeux bleus. À croquer !

– Et pour le reste ?

– Il était très doux, m'a-t-elle répondu.

– Plus que moi ?

Le visage de Rosario s'est éclairé.

– Avoue que ce n'est pas très difficile, s'est-elle moquée. Tu as toujours été un vrai petit bulldozer.

J'ai souri à mon tour.

– Il t'adorait, a-t-elle repris. Toi aussi d'ailleurs. Tu ne le quittais pas d'une semelle et ça ne semblait pas le gêner. Au contraire. Il aimait s'occuper de toi. D'ailleurs je pense que c'est un peu grâce à lui si tu dessines aussi bien.

Je l'ai observée, interloquée.

– Il affichait tous tes dessins dans sa chambre. Du coup, tu l'en abreuvais.

– Et mes parents ?
– Eux aussi l'adoraient.
J'ai froncé les sourcils.
– Comme ils t'adorent toi. Même s'ils ne parviennent pas toujours à l'exprimer, a-t-elle conclu en se levant.
Rosario a repris son balai. Le sujet était clos.
Pour l'instant.

♂ 5 JUIN

Beaux-arts

Les résultats de l'épreuve d'histoire de l'art sont tombés. J'ai eu 14/20 au QCM et 18/20 à la dissert. Merci Francis ! Merci Takeshi ! Vous êtes les héros de ma vie !

♃ 7 JUIN

Sur invitation

À la sortie du cours de physique-chimie, Samuel m'attendait. Il tressautait sur place, un grand sourire calqué sur les lèvres. On aurait dit un poulet à qui on venait de couper la tête.

Dès que je me suis approchée, il m'a tendu une enveloppe bleu lavande parsemée de ridicules petits cupidons à poil. Ça ressemblait à un faire-part de mariage confectionné par une classe de maternelle azimutée.

– C’est quoi ? me suis-je enquise en réprimant une grimace.

– Ouvre ! m’a-t-il ordonné.

J’ai obéi et parcouru la carte qui se trouvait à l’intérieur.

– Tu organises une fête pour ton anniv ?

– Eh oui ! m’a répondu un Sammy triomphant.

– Chez toi ?

– Bien sûr que non ! Chez Eugénie. Ses parents sont absents ce week-end.

– Ils sont au courant ?

– Je crois… Tu viens n’est-ce pas ?

Comme j’hésitais, Samuel en a profité.

– Ne me sors pas l’excuse du « j’ai déjà un truc de prévu ». Je te connais par cœur. Tu ne sors jamais ! Tu ne peux pas me faire ça, a-t-il développé. J’aurais l’air de quoi, moi, si ma meilleure amie ne se pointait pas à ma fête d’anniversaire ?

Le coup de la culpabilité. Lamentable !

– OK, ai-je concédé.

– En plus, j'ai besoin de ton aide ! a-t-il lancé.

– Ne compte pas sur moi pour t'aider à décorer ou je ne sais pas quoi d'autre. Faut pas pousser ! ai-je aussitôt protesté.

– Mais non, a-t-il soupiré. Jamais je ne te demanderais un truc pareil ! C'est pour ma mère...

– Ta mère ?

– Ben ouais. T'imagines sa réaction si je lui annonce que j'organise une fête pour mon anniv. Chez une copine en plus.

– Mmm...

– J'ai cogité. Je n'ai trouvé qu'une solution pour sortir samedi prochain. Très tard, a-t-il précisé. Lui annoncer que je compte réviser le brevet toute la soirée. Avec toi.

– Mais elle me déteste, l'ai-je arrêté. Et elle ne peut pas supporter ma mère non plus.

– Justement ! Comme ça, elle n'osera pas téléphoner chez vous pour vérifier. En plus, tu as eu d'excellents résultats au brevet blanc et elle le sait.

– Et si elle appelle quand même ?

– T'auras qu'à prévenir tes parents et leur dire qu'on a décidé de bosser au café. Ça devrait passer, s'est-il rassuré.

Franchement, j'avais des doutes. Mais n'ayant rien de mieux à lui proposer, j'ai accepté.

☉ 10 JUIN

Chatbadabada

Kyô est perturbé. Depuis trois jours, il gaspille ses journées à ronronner la truffe collée à la vitre de la fenêtre de ma chambre en couvrant d'un regard langoureux le merle noir qui a élu domicile dans le jardin de nos voisins.

Kyô est amoureux.

D'un oiseau.

La vie est vraiment mal fichue.

♂ 12 JUIN

Comptes à rebours

Recettes

Solde de l'été passé : 8,70 €
Noël : 100 € (parents) + 100 € (Vacherin)
Anniv : 100 € (parents), à croire que leur chéquier est bloqué sur ce montant.
Argent de poche : 30 € par mois soit 30 x 10 = 300 €
Économies réalisées en évitant des tonnes de séances de silence thérapeutique : extorquées !
608,70 €

<u>Dépenses</u>

Red Dead Redemption : 52,50 €
Mangas d'occase : 96 €
Heavy Rain : 59 € (offre spéciale Internet)
Cadeaux de Noël : 67 €
Jean : 92 € *(Conséquence de mon rejet d'accompagnement maternel lors de cet achat !)*
Vernis à ongles puant : 9 €
Matériel de dessin : 73 €
Vétos pour chat barjo : 50 € par visite soit 50 x 2 = 100 €
Sorties diverses et limitées (café, ciné) : 56 €
604,50 €

Soit un solde positif de 4,20 €.

Qu'est-ce que je pouvais offrir à Sammy avec une somme aussi époustouflante ? Un paquet de bonbons périmés ? Un manga écorné ?

☿ 13 JUIN

Bouffées de pensées

Mon bulletin du troisième trimestre est tombé : « Une magnifique progression tout au long de l'année. Théodora a fourni des efforts de travail personnel et de comportement qui se sont avérés payants. Elle termine l'année en beauté. »

1re pensée. Avec un bilan aussi fracassant, si NDS refuse de m'enrôler, je capitule.

2e pensée. Je devrais exiger une augmentation d'argent de poche.

3e pensée. Sam a dû recevoir son bulletin.

4e pensée (proche du rêve éveillé). Sa fête va peut-être être annulée !!!

♃ 14 JUIN

Aux anges

Je suis surexcitée, extatique, transcendée ! Le directeur de Nicolas-de-Staël a téléphoné. Je suis prise. Adieu vitraux, confessions, bénitiers ! Pour fêter l'événement, je me suis refait l'intégralité d'*AD Police** d'une traite (les trois OAV* + les douze épisodes télé).

♀ 15 JUIN

XXX

Dès mon réveil, j'ai envoyé un SMS à Samuel pour être certaine de ne pas oublier ce grand jour et risquer de subir (comme l'année dernière) une journée entière de mutisme chargé de sous-entendus culpabilisateurs.

Quelques secondes après, mon portable bipait.

De Samuel

Message n° 1/52

XXXXXXXXXXXXXXXX...

Sur le moment, j'ai cru que Sammy s'était encore mélangé les touches mais, après une rapide recherche sur le Net, j'ai réalisé que c'était moi la bille.

Un x équivaut à un bisou en anglais et les tonnes de x dont il m'avait inondée correspondaient bien à... mon spécialiste ès effusions de meilleur ami.

Bubblegum Crisis*

Jamais je n'aurais imaginé qu'il faudrait autant batailler pour obtenir une minable petite augmentation d'argent de poche.

Raison invoquée par mes ascendants : La Crise.

Résultat, j'ai failli avoir une Crise cardiaque en apprenant que mon argent de poche ne se verrait rallongé que de cinq malheureux euros. Maintenant je suis en pleine Crise d'angoisse (rapport au cadeau de Sammy).

Sans parler de la Crise d'adolescence dont je souffre depuis la nuit des temps !

♄ 16 JUIN

De l'autre côté du miroir

10 heures. La première pensée qui a traversé mon cerveau embrumé a été que la fête de Samuel avait lieu ce soir. Déjà je déteste les fêtes. Mais une fête organisée par Sammy, le roi du jus de fruits, de la disco et des déguisements, c'était carrément flippant. Une vision d'horreur m'a attaquée en traître. Des milliers d'adolescents en chaleur s'embrassaient sous une boule à facettes et moi j'étais assise, sur le côté, en train de les observer. Pour y échapper, j'ai enfoui ma tête sous l'oreiller.

11 heures. Un seul mot pour définir mon état : désespéré. Au point de téléphoner à Takeshi pour lui proposer de m'accompagner. À première ouïe, c'était une idée délirante. En tout cas, c'est ce qu'il a semblé penser puisque, quand je lui en ai parlé, il n'a pas pu se retenir de rigoler. Les arguments dont il m'a abreuvée pour se défiler étaient lamentables.

1) Il était trop vieux. Et alors ? Il est interdit de s'amuser après cinquante ans ?

2) Il devait se rendre à l'hôpital. Or, à 21 heures, les hôpitaux sont fermés.

3) Pour rendre visite à un Ange. Qu'est-ce que c'était encore que cette histoire ? Un mensonge ? Une demi-vérité ? Un énième secret ?

11 h 30. Si mon frère était vivant, lui au moins m'accompagnerait. Aujourd'hui il aurait dix-neuf ans. Je l'imagine comme un garçon fin, aux longs cheveux blonds, fan de jeux vidéo, de mangas et de rock, avec un sublime tatouage sur le bras gauche et de grands yeux ambrés. Toute ressemblance avec un personnage de manga existant ou n'ayant pas encore été inventé est purement fortuite !

14 heures. Après de rudes négociations, mes parents ont très généreusement accepté de me prêter quarante euros. Au départ, j'ai fait valoir mes résultats scolaires, mes problèmes existentiels, mon amitié pour Samuel et leurs absences coutumières. Devant le peu de succès de cette approche, j'ai opté pour une méthode plus radicale.

Je me suis lancée à l'abordage du sujet le plus tabou de notre univers familial : mon frère aîné. Pour y échapper, mes parents ont immédiatement ouvert leur porte-monnaie.

Je dispose donc maintenant d'une somme raisonnable pour acheter quelque chose à Sam. Mon problème n° 1 n'est pas résolu pour autant, je n'ai pas l'ombre d'une idée.

14 h 05. Toujours pas d'idées.

14 h 10. Rien.

14 h 15. Le vide intersidéral.

14 h 30. J'ai surfé sur eBay dans l'espoir d'une percée. Que dalle. J'ai donc décidé de rédiger une liste.

14 h 40. Ma liste de cadeaux potentiels est achevée. Au propre. Et au figuré.

- ~~Manga ?~~ Pas assez original.
- ~~Dessin ?~~ Déjà fait.
- ~~DVD ?~~ Trop risqué.
- ~~Jeu vidéo ?~~ Pas adapté.
- ~~Appareil photo numérique ?~~ Trop cher.

16 h 10. Yeeesssssss !!!!! J'ai trouvé !!!!! J'ai acheté un *Trivial Pursuit - Édition des stars*. Pour les fans de *Paris Match* et de *Voici*, m'a précisé le vendeur du magasin de jouets. Samuel devrait adorer.

19 heures. J'ai tenté de me maquiller. Je visais quelque chose entre Lisbeth Salander et Miyavi*.

Résultat initial : avec ma peau translucide, mes cheveux ailes de corbeau et la tartine de produits que j'avais appliqués sur ma tronche, je ressemblais à Marilyn Manson, le Dracula du mascara.

Je me suis démaquillée. Férocement.

Résultat final : je suis si rouge qu'on pourrait s'imaginer que j'ai chopé un coup de soleil. Dans ma salle de bains. Génial !

20 h 58. Je suis plantée devant chez Yukino. En entendant la voix suraiguë de Mika s'échapper par la porte, j'ai soudain été prise d'une envie fulgurante de rentrer. Chez moi.

21 h 06. Alors que j'amorçais mon demi-tour, Samuel a ouvert la porte. Et dire que j'avais trouvé l'excuse parfaite : l'attaque soudaine d'un VUP (Virus Ultra-Puissant). Trop tard !

21 h 48. J'ai croisé Monster dans les escaliers. Samuel l'a invité. Je n'en reviens pas !

22 h 11. Je suis assise sur une chaise. J'ai mal au cœur. Un des invités aurait-il ajouté quelque chose au punch 100 % sans alcool de Samuel ? À moins que ce ne soient les Scissor Sisters qui perturbent ma digestion ?

22 h 23. Tout le monde se trémousse. Tout le monde s'éclate. Sauf moi.

22 h 41. Monster m'a invitée à danser. J'ai refusé. Il a insisté. Je l'ai menacé de mon poing. Il a rigolé. Les gens n'ont vraiment aucune fierté.

22 h 47. Mon cauchemar est devenu réalité. Samuel et Yukino sont en train de s'embrasser sous la boule à facettes.

22 h 51. Combien de temps puis-je décemment rester ainsi, un verre à la main, sans bouger ?

22 h 57. À force de ne pas bouger, je commence à avoir des hallucinations. Il m'a semblé que Jésus me décochait un clin d'œil. Depuis sa croix. Celle accrochée sur le mur du salon des parents de Yukino. Face à moi.

23 h 03. Si je pars, personne ne s'en apercevra.

23 h 11. Je suis enfin dehors. Après m'être coltiné deux heures de fouilles fêtarologiques pour récupérer mon blouson englouti sous une pile de manteaux.

23 h 13. Alors que j'étais sur le point de disparaître à l'angle de la rue, quelqu'un m'a interpellée. J'ai feint d'être sourde. Le quelqu'un en question a accouru vers moi et saisi mon bras. J'ai levé les yeux. Sammy.

– Tu pars déjà ?

– Mmm... ai-je marmonné en guise d'acquiescement.

Je m'attendais à ce qu'il me supplie de rester. J'avais tort. Il s'est lancé dans mes bras en hurlant :

– Merci, merci, merci !

– Mais pourquoi ?

– Pour ton cadeau, ta présence, ton soutien permanent !

Confirmation. Il y avait bien un problème avec le punch.

23 h 41. J'ai tourné la clé dans la serrure et pris le temps de retirer mon blouson avant d'entrer dans le salon. Dès qu'il m'a aperçue, mon père s'est jeté sur moi.

– Où étais-tu ? m'a-t-il accueillie d'une voix sévère.

Depuis quand dilapidait-il ses soirées à me surveiller ? N'avait-il pas autre chose à faire ? Un énième dossier à peaufiner ? En plus, il savait pertinemment où j'étais.

– Mais je vous l'ai expliqué cet aprèm, me suis-je énervée. J'étais à la fête de...

Mon père a lancé un regard en biais. Je l'ai suivi et je me suis tue aussitôt. Nous avions de la compagnie.

– Oh, bonjour madame Dumaurier, ai-je balbutié.

Merde, merde, merde, ai-je pensé. J'étais si préoccupée à l'idée de me rendre à cette soirée que j'avais zappé le bobard que Samuel m'avait demandé de prodiguer.

Inukaï s'est approchée de moi d'un pas mesuré et m'a toisée avec mépris.

– Où est Samuel ? s'est-elle enquise en arquant un sourcil.

– Samuel… ai-je hésité comme si je ne voyais pas vraiment de qui elle voulait parler. Nous avons révisé le brevet ensemble en début de soirée et puis je me suis rendue à une fête.

– Avec Samuel ?

– Hein ? Euh… oui… non…

– Oui ou non ? a-t-elle sifflé.

– Oui, ai-je craqué. Mais nous ne sommes pas restés longtemps. Samuel doit déjà être de retour chez vous à l'heure qu'il est.

– Cela vaudrait mieux pour lui, a grondé Inukaï entre ses dents.

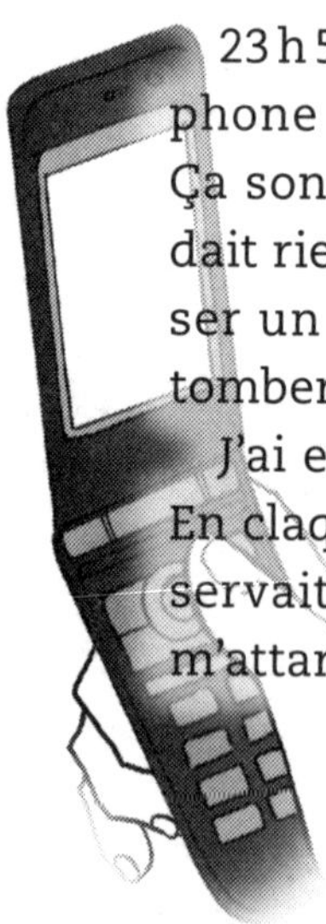

23 h 53. Inukaï envolée, je me suis ruée sur mon téléphone portable. J'ai composé le numéro de Sammy. Ça sonnait, sonnait, sonnait. Dans le vide. Il n'entendait rien. Pas étonnant avec la musique. J'ai failli déposer un message sur sa boîte vocale et puis j'ai laissé tomber.

J'ai enfilé mon blouson et me suis précipitée dehors. En claquant la porte, j'ai remarqué que mon père m'observait d'un air amusé, mais j'étais trop pressée pour m'attarder sur cette vision improbable.

00 h 11. J'ai sonné, tapé, tambouriné. À la porte. Puis aux carreaux de la cuisine. Jusqu'à ce que quelqu'un m'ouvre enfin. Dès que je l'ai repéré, je me suis élancée vers Samuel.

– Sammy ! C'est la merde !

– La mère ?

– Non, la merde enfin si… la mère… aussi.

Je lui ai relaté la visite surprise d'Inukaï.

– Merde ! a-t-il commenté.

– Je ne te le fais pas dire.

00 h 14. Yukino et moi avons pris les choses en main. Samuel devait rentrer. Le plus vite possible. J'aiderais sa « chérie » à ranger à sa place.

00 h 57. Les invités sont partis. La fête est finie. Enfin ! Yukino m'a remerciée (au moins mille fois) pour mon aide.

01 h 13. Sur le chemin du retour, une pensée a chatouillé mes neurones. Yukino n'était pas aussi coincée que je l'avais supposé. Attention ! Ce n'est pas miss Délire non plus. Faut pas pousser !

01 h 32. Je n'arrive pas à dormir. Aucune nouvelle de Samuel depuis son départ précipité.

01 h 39.

De Sammy

Message n° 1/53

Tout va bien. Tout est arrangé. Je te raconterai…

01 h 41. J'ai posé mon portable sur ma table de nuit et ma tête sur mon oreiller.

⊙ 17 JUIN

Poor lonesome myself

Je suis lessivée, crevée, vannée. Et complètement déprimée. Je n'arrive pas à m'enlever cette soirée de la tête. Je suis la seule à ne pas m'être amusée, la seule à ne pas avoir eu envie de danser, la seule à être restée dans mon coin sans bouger.

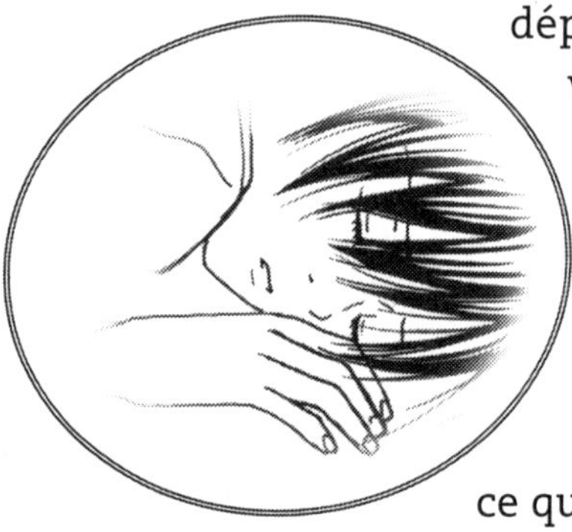

Qu'est-ce que j'ai ? Pourquoi est-ce que personne ne m'attire ? Pourquoi est-ce que je ne plais à personne ? Aucune fille ? Aucun garçon ? À part Monster. Mais là je préfère encore mourir que d'y penser.

☽ 18 JUIN

Ainsi soit-il

Samuel et Yukino (ils ne se quittent plus d'un talon) sont venus me remercier (encore) pour samedi soir. Il paraît qu'Inukaï n'y a vu que du feu. D'après Sammy. Mouais...

♂ 19 JUIN

Double et moitié

Samuel et Yukino.
Leandro et Salma.
Kyô et son merle.
Takeshi et son Ange.
Moi et… le Néant.
Il faut que je trouve un moyen de chasser ces pensées.

☿ 20 JUIN

Recherche concert désespérément

J'ai trouvé ! Un concert confidentiel, gratuit, dans un café à proximité de la maison et commençant à une heure décente (21 heures). Les Moonlighters (nom du groupe en question) ont prévu d'alterner des reprises de Muse avec leurs propres compositions. À ne pas rater !

♃ 21 JUIN

En salle

Personne (c'est-à-dire Samuel) n'ayant daigné m'accompagner, j'ai décidé d'assister seule à ce concert. Cette situation étant partie pour durer (éternellement) autant m'y habituer.

Lorsque je suis arrivée, la petite salle en sous-sol était déjà bondée et enfumée (malgré les interdictions de fumer placardées un peu partout sur les murs). Je me suis approchée du bar et j'ai commandé une bière. Le goût est un peu amer, mais après trois gorgées on finit par s'habituer. Au bout du deuxième verre, j'avais l'agréable sensation de planer.

À 21 heures et des poussières, la chanteuse des Moonlighters est montée sur scène. Le bassiste l'a rejointe, suivi par le batteur et enfin… le guitariste.

En le voyant, j'ai failli recracher la gorgée de bière que je m'apprêtais à avaler. Le portrait craché de mon frère mangakesque. Même corps androgyne, mêmes cheveux blonds, même mèche sur le côté. Jusqu'au tatouage sur son bras droit. Sauf que le sien ressemblait à celui de Takeshi. Un grand dragon coloré.

Les musiciens ont pris place et accordé leurs instruments.

La lumière s'est tamisée et la musique des Moonlighters nous a submergés.

Transe

J'étais collée au bar. Tout le monde dansait. Perdu dans ses pensées.

Et moi dans les miennes.

Au début de la quatrième chanson, une fille canonissime m'a fait signe et m'a invitée à la rejoindre. Je me suis avancée. Elle a entouré ma taille de ses bras. J'ai fermé les yeux et je me suis laissée aller. Au fur et à mesure que les chansons s'enchaînaient, mes angoisses s'évaporaient. La musique des Moonlighters était si grisante que j'avais l'impression qu'elle envahissait mon corps et mes pensées.

Quand les lumières se sont rallumées, j'ai mis du temps à réaliser que la musique s'était arrêtée et ma compagne envolée.

J'étais comme hypnotisée.

♀ 22 JUIN

Gueule de béton

À mon réveil, un goût acide emplissait ma gorge et une douleur lancinante me vrillait le crâne. Pire que tout, je ne me souvenais de rien. Comment étais-je parvenue à rentrer ? À me déshabiller ? À me coucher ? Aucune idée !

Je me suis dirigée vers la salle de bain. Lentement. Laborieusement.

En tournant le bouton d'eau chaude, j'ai aperçu une inscription sur ma main : le mot « Sîn » accompagné d'un numéro de portable.

La mémoire m'est revenue.

D'un coup.

Retour vers le passé

À la fin du concert, les musiciens se sont mêlés aux spectateurs. Alors que je m'étais accoudée au bar pour rassembler mes pensées, le guitariste s'est approché de moi. Il a proposé de m'offrir une bière (pas la première de la soirée) et je n'ai pas osé refuser. Nous avons parlé. Rock, accords, compositions, concerts... et je n'ai pas vu le temps filer. Ce n'est que lorsque le proprio a débarqué pour nous prévenir qu'il fermait que j'ai réalisé l'heure qu'il était.

Avant de nous séparer, Sîn (puisque tel était le nom de scène du guitariste) a saisi un feutre noir et apposé son nom et son numéro de portable sur ma main droite. J'ai noté les miens sur la sienne. Je crois avoir ajouté un petit dessin mais je ne suis plus sûre de rien.

La dernière chose dont je me souviens, c'est du baiser qu'il a déposé sur mes lèvres avant de rejoindre son groupe pour les aider à ranger.

Ses lèvres avaient un goût salé.

♄ 23 JUIN

Prise de tête

Dois-je lui téléphoner ? Non, je dois attendre qu'il m'appelle. Genre héroïne de shôjo ? Je n'en sais rien. Je n'ai pas la moindre idée de la façon dont il convient de se comporter dans ce genre de situation. Je n'y connais rien à ces trucs, moi. En plus, si ça se trouve, il a déjà tout oublié. Il doit être habitué à embrasser des groupies hypnotisées à la fin de ses concerts.

Bon, faut que j'arrête de me torturer. On se croirait dans un des films préférés de Samuel. Neuneu à souhait !

Tattoos

Pour me changer les idées, je suis partie rejoindre Takeshi à sa boutique. Quand je suis arrivée, il était occupé à tatouer un papillon sur les fesses d'une cliente. Enfin, je crois. Je me suis assise à côté de la caisse, j'ai attrapé un portfolio et j'ai commencé à le feuilleter.

J'ai envie de me faire tatouer depuis longtemps. Sans avoir jamais vraiment osé l'envisager. Non seulement je n'ai aucune idée du dessin à graver à vie sur ma peau ni de l'endroit où le poser, mais j'ai la trouille.

Des aiguilles en général.

Et de la douleur en particulier.

Celle d'après.

⊙ 24 JUIN

Origin of Asymmetry

Je somnolais sur le canapé du salon depuis vingt minutes en surveillant mon portable d'un œil torve.

Attention danger ! Je m'apprêtais à rejoindre la horde des débiles scotchées à leur téléphone dans l'attente d'un appel qui ne viendra jamais. J'étais en train de virer évaporée. Lamentable !

J'ai éteint l'objet du délit, commandé une pizza quatre fromages et lancé le premier opus de *Ghost in the Shell**. J'espérais que visionner pour la deux cent unième fois l'anime tiré de ce manga futuriste cyberpunk anéantirait la malédiction. Raté !

Après les dix premières minutes, j'ai craqué et rallumé mon portable. Comme je n'arrivais toujours pas à me concentrer sur l'écran, j'ai branché la chaîne hi-fi et inséré *Origin of Symmetry* de Muse. Ma mère a aussitôt débarqué. Je croyais qu'elle voulait que je baisse le son. Pas du tout. Elle souhaitait me faire écouter la *Toccata et fugue en ré mineur* de Bach. Elle avait raison. Ce morceau a sûrement inspiré *Plug in Baby*.

Rock et classique ? À méditer…

Crucifixion

Je n'y pense plus. J'ai relégué mes rêves de normalité amoureuse au fin fond de mon cerveau. Il ne me téléphonera jamais.

Il ne m'a demandé mon numéro que pour se marrer. Je suis certaine qu'à chaque fin de concert les membres des Moonlighters parient pour savoir lequel d'entre eux en séduira le plus.

Cerise sur le complot : je l'ai même laissé m'embrasser !!!

☽ 25 JUIN

Surnom

Je n'arrête pas de penser à Sîn. De Sîn, je suis passée à Maximilien. Il m'arrive de le surnommer Max dans ma tête.

Si ça se trouve, il déteste ça et je l'exaspère là où il est. Sauf qu'il ne peut plus protester. N'empêche.

En ai-je le droit ?

N'est-ce pas déplacé ?

Peut-on surnommer les morts ?

Exorcisme

Pour me changer les idées, j'ai décidé d'entamer dès aujourd'hui mes révisions pour le brevet.

Remise à zéro

J'ai relu tous les cours d'histoire-g et d'éducation civique depuis la rentrée, j'ai refait en temps limité les quatre mille cinq cent quarante-deux exercices de maths dont Redbull nous a abreuvés cette année et je me suis retapé l'intégralité du programme de français.

Je me demande pourquoi je m'acharne à réviser autant. Avec mes notes de contrôle continu, j'ai le brevet sans avoir à le passer.

♂ 26 JUIN

Poésie flippée

Je mijote. Je bous.
J'en ai marre. Je broie du noir.

Je n'ai plus d'ongles. Je suis crevée.
Trop de révisions. Trop de café.
À l'examen du brevet...
je vais me planter en beauté!

♃ 28 JUIN

Affaire classée

Emballé, c'est terminé. Les épreuves se sont super bien déroulées!

Résurrection

Il ne m'a pas téléphoné... Il m'a envoyé un SMS!

De Sîn

Message n° 1/54

RDV samedi 7 à 16h au bar?
Bises enluminées.

Après m'être pris la tête pendant deux siècles, j'ai renvoyé un pathétique OK.

Une fois mon message envolé, j'ai réalisé que mon cœur battait la chamade, que mes mains étaient moites et que mon front dégoulinait. Tomber malade à un jour des vacances?

Une calamité.

J'ai surfé sur le Net à la recherche de l'affection collant avec ces symptômes. D'après le blog d'un inconnu, il semblerait que je sois tombée… amoureuse.

N'importe quoi !

♀ 29 JUIN

That's all, folks !

C'est fini. Plus jamais je ne remettrai les baskets à Sainte-Croix.

J'ai salué mes profs et mes « camarades ». Au moment de me quitter, Sammy a retiré le troisième bouton de sa veste (il avait offert le deuxième à Yukino[1]) et l'a glissé dans la poche droite de mon blouson. Il avait les larmes aux yeux. On se serait cru dans un de ces shôjos dont il raffole.

Avant de franchir la grille, j'ai jeté un dernier coup d'œil en arrière et observé la cour et les bâtiments.

Je souhaitais graver cette image dans ma tête.

On ne sait jamais.

D'ici qu'un jour Sainte-Croix vienne à me manquer…

1. Lors de la cérémonie de fin de cycle au Japon, les garçons offrent le deuxième bouton de leur uniforme à la fille qui leur plaît.

Walk Away, Franz Ferdinand

Juillet

MOIS DES LETTRES :
Premières gouttes

☽ 2 JUILLET

Contre vents et marées

Cette nuit, mes parents se sont encore engueulés. N'en finiront-ils donc jamais ?

♀ 6 JUILLET

Au pied de la lettre

Le facteur a sonné pour livrer un paquet. Il m'était adressé. Pour la première fois, je recevais quelque chose sans avoir rien commandé. Je l'ai soupesé pour deviner ce qu'il contenait, mais je ne l'ai pas immédiatement déballé.

Je voulais le déguster.

J'ai pris le temps de me préparer un thé. Je me suis assise sur mon lit. J'ai placé le carton sur mes genoux.

J'ai attrapé une paire de ciseaux et je l'ai découpé. Lentement. Délicatement.

J'ai repoussé le rabat.

Un guide pour mangaka.

Avec un mot glissé à l'intérieur.

Très chère Hatedoro,

Après notre discussion de samedi dernier, j'ai pensé à t'envoyer ce manuel. Il vaut ce qu'il vaut, mais il sera peut-être susceptible de t'aider.

Il est normal que tu aies encore des difficultés à construire tes décors, à composer tes planches et à écrire tes dialogues. Black Jack n'est pas né en un jour.

Il ne faut pas te décourager, mais persévérer, t'acharner. Le seul moyen de progresser est de dessiner (encore et encore), d'analyser ton travail, de le corriger et de recommencer.

Tu as un Don.

Ne te décourage pas au point de le gâcher et de fâcher le *manga no kamisama*.

Pour reprendre les mots que Chloé*, celle qui maîtrise des milliers de techniques et de merveilles, adresse au jeune Kuroe* :
"Avec un tel pouvoir tu n'as pas le droit de perdre...
Tu auras beau te chercher toutes les excuses du monde, tu n'as pas le Droit."

Bien à toi,
Ton ami Takeshi

PS : Je quitte Paris du 15 juillet au 28 août.
Si je n'ai pas le bonheur de te revoir avant mon départ, prends bien soin de toi et surtout n'oublie pas :
j'ai foi en toi !

J'ai posé son mot sur ma table de nuit et je me suis allongée quelques instants sur mon lit. Quand je me suis relevée, mon oreiller était trempé.

♄ 7 JUILLET

In the morning

Je le déteste. Je le déteste. Je le hais. Samuel est un looser. Samuel est un lâcheur. Samuel est le pire meilleur ami que la terre ait jamais porté.

Quand il a débarqué à la maison ce matin, un sourire radieux collé aux lèvres, je ne me suis pas méfiée. Et qu'est-ce qu'il était venu m'annoncer ? Que je ne le reverrais jamais !

Non seulement il partait demain en Normandie pour un mois et passerait le mois d'août à Oxford (cours d'anglais oblige), mais en septembre il intégrerait une pension à Pétaouchnok. Je n'en croyais pas mes oreilles.

– Ta mère est d'accord ? ai-je craché.

– Ouais. Elle a même cru que l'idée venait d'elle. Il faut reconnaître que sur ce coup-là Pitbull a été sérieusement classe. Elle savait que je m'étais inscrit dans cet internat. Et pour cause ! Sans son aide, je n'aurais pas pu remplir le dossier. Alors, quand ma mère a pris rendez-vous avec elle après notre fameuse soirée pour se plaindre de mes notes et de mon comportement, Pitbull lui a suggéré cette

solution. Ma mère a été emballée. Lorsqu'elle m'en a parlé, j'ai mimé le type effondré. Histoire de la motiver un peu plus. Et voilà ! Pas mal hein ?

– Mais pourquoi veux-tu aller dans un endroit comme ça ? me suis-je exclamée.

– Pour changer d'air, m'éloigner d'ici, de mes parents, pour ne pas redoubler...

– Et Eugénie ? ai-je tenté, espérant encore le faire changer d'avis.

– Elle est au courant depuis le début. Elle m'a encouragé. Elle m'a affirmé que si ça me tentait, je devais essayer. Ce pensionnat n'est pas une prison, tu sais. Et puis, je rentrerai pour les vacances.

– Mmm... ai-je grogné.

– Pourquoi tu tires cette tronche, Théo ? T'as l'air sidérée. Tu le savais pourtant. Je t'en ai parlé au moment des inscriptions.

Qu'est-ce que je pouvais répondre ? Que j'avais cru qu'il s'agissait d'un canular (nullissime) de 1er avril. J'ai eu envie de fracasser le sourire fier que Samuel arborait. Au lieu de ça, je me suis contentée de le féliciter et de le serrer dans mes bras. Après son départ, je me suis vengée sur mon oreiller. Cet abruti allait terriblement me manquer.

At noon

Il est midi. Je ne suis toujours pas habillée. Je ne sais pas quoi me mettre. La même chose que pour le concert ? Après tout, je lui ai plu dans cette tenue. Seulement lui, il était si classieux avec son maquillage sophistiqué, son pantalon en cuir noir, son tee-shirt à l'effigie de son groupe et ses bottes New Rock qu'en jean/baskets j'aurai l'impression de ressembler à une petite sœur partie retrouver son frère aîné à la sortie de la fac.

In the afternoon

Décidément c'est ma journée. Il m'a plantée. Je l'ai attendu cinquante-deux minutes et quarante-cinq secondes perchée sur un tabouret instable.

Heureusement que j'avais décidé de me fringuer comme d'habitude plutôt que de me la jouer cosplay parce que j'étais super mal à l'aise. J'avais l'impression que tous les piliers du bar me mataient et savaient que le type que j'attendais ne se pointerait jamais.

Pour me donner une contenance, je me suis enfilé trois cafés. J'étais méga-stressée en arrivant, je suis sortie survoltée !

In the evening

Nous sommes le 7 juillet. J'ai nommé le JLPPA (Jour Le Plus Pourri de l'Année).

Après la fuite de Sammy aux antipodes, après le lapin posé par la seule personne qui m'ait jamais attirée, mes parents ont choisi ce soir pour m'annoncer... qu'ils divorçaient ! À l'amiable.

C'est plus simple, m'a expliqué mon père. Comme si ça pouvait me rassurer. Mais je m'en balançais, moi, de leurs problèmes juridiques et autres. Ce que je voulais, c'était connaître le nom du coupable. Sauf qu'ils m'ont affirmé avoir pris cette décision d'un commun accord.

Génial !

Ils ne partageaient rien. Excepté cette même envie de se séparer. Et moi dans cette affaire ? Personne n'y avait pensé.

De retour dans mon antre, la petite voix dont j'avais réussi à me débarrasser, il y a des siècles et des siècles, est revenue me hanter.

Je croyais que c'est ce que tu voulais ?

Je voulais qu'ils arrêtent de s'engueuler. Pas qu'ils divorcent !

Pff, tu aurais pu t'en douter quand même.

Sûrement. N'empêche que je ne l'avais jamais envisagé.

At night

Je ne sais pas ce que j'ai. Mes yeux n'arrêtent pas de couler. J'ai l'impression de m'être transformée en fille et ça me donne envie de gerber.

Je me déteste.

Je les déteste.

Tous.

Just before midnight

Je viens de recevoir un SMS. Je l'ai survolé et puis j'ai enfilé mon blouson et attrapé mes clés.

– Où pars-tu ? s'est enquise ma mère.

Je me suis ruée dehors sans lui répondre.

At midnight

Il a ouvert la porte et ses bras.

Je m'y suis engouffrée.

Tête baissée.

The End, Vivian Girls
(www.myspace.com/viviangirlsnyc)

HAPPILY NEVER AFTER

À bientôt pour la suite…

Retrouvez Théo, Sam,
Monster, Sîn et les autres
au printemps 2012

LE PETIT DICO DE THÉO

AD Police : One-shot* seinen manga de Takezaki Tony. L'histoire relate les exploits d'un groupe de police spéciale (AD Police) dans la ville de MegaTôkyô*.

Anime : Diminutif de animeshon qui désigne les séries et films d'animation produits au Japon.

Assassin's Creed : Jeu vidéo de combat-aventure.

Ayako : Manga de Tezuka Osamu se déroulant dans le Japon d'après-guerre et retraçant l'histoire de Jirô Tengé, un espion à la solde des États-Unis, et la déchéance de sa famille.

Bienvenue dans la NHK! : Manga de Oiwa Kenji (voir Morino) inspiré d'une nouvelle de Tatsuhiko Takimoto dont le personnage principal est un hikikomori et anime adapté dudit manga.

Black Butler : Shônen manga de Toboso Yana. L'histoire se déroule en Angleterre au XIXe siècle. Les deux personnages principaux sont Ciel Phantomhive, un aristocrate de douze ans, et son majordome, Sebastian (le fameux Black Butler), un étrange diable avec lequel Ciel a conclu un pacte : son âme en échange de la protection du démon.

Black Jack : Surnom de Hazama Kuro, le médecin marron et personnage principal du manga éponyme de Tezuka Osamu.

BlackJack Neo : Nouvelle version (plus adulte) du célèbre manga de Tezuka Osamu par Taguchi Masayuki.

Blood Alone : Shônen manga de Takano Masayuki relatant les aventures de Misaki, une petite fille vampire, et de Kuroe chez qui elle vit.

Bubblegum Crisis : Série télévisée d'animation japonaise cyberpunk en huit épisodes.

Byõbu : Paravents (littéralement « mur de vent ») souvent décorés de peintures et de calligraphies.

Chan : Les Japonais ajoutent le suffixe « chan » au prénom de la personne à laquelle ils s'adressent lorsqu'ils souhaitent montrer leur affection à son égard.

Chloé : Personnage de magicienne dans le manga *Blood Alone**.

CLAMP : Équipe féminine de mangakas très célèbre au Japon, composée de quatre membres (au départ elles étaient douze) : Ôkawa Nanase, Mokona (Apapa), Nekoi Tsubaki (ou Mick) et Igarashi Satsuki. Ici Théo fait référence à leur manga *Tôkyô Babylon*.

Cosplay : Contraction des mots « costume » et « playing ». Un cosplay consiste à se déguiser. En France, ce terme désigne plus particulièrement le fait d'incarner un personnage de pop-culture japonaise (héros de manga, d'anime, de jeu vidéo...). Les pratiquants de ce « jeu » sont appelés des « cosplayers ».

Ecchi : Sous-genre des seinens et des seijins mangas. Il correspond à un manga érotique.

Elle et lui : Shôjo manga de Tsuda Masami dans lequel on retrouve le personnage de Yukino.

FF : Acronyme de *Final Fantasy*, série de RPG* créée par Sakaguchi Hironobu*.

Ghost in the Shell : Seinen manga futuriste cyberpunk de Shirow Masamune, adapté en films d'animation par Oshii Mamoru.

Goshos : Poupées ayant la forme de gros bébés.

Gothic II : Deuxième épisode de la série de jeux de rôles *Gothic*.

Hajimemashite : « Enchanté » en japonais.

Heavy Rain : Jeu vidéo d'aventure sur Playstation écrit et dirigé par David Cage. Le joueur incarne tour à tour quatre personnages différents ayant tous un lien avec le tueur à l'origami et enquête pour découvrir l'identité de ce criminel. Ce jeu est interdit aux moins de dix-huit ans.

Hikikomori : Terme japonais désignant les personnes vivant cloîtrées chez leurs parents (généralement dans leur chambre) et refusant toute communication. Cette pathologie touche principalement des adolescents et de jeunes adultes.

Hiroshige : Célèbre dessinateur, graveur et peintre japonais (1797-1858).
On le compare souvent à Hokusai dans la mesure où tous deux étaient des spécialistes de l'*ukiyo-e**.

Hokusai : Célèbre dessinateur, peintre et graveur japonais (1760-1849). Le mot « manga » ne renvoie pas, à l'origine, à la bande dessinée japonaise mais aux estampes et aux croquis (notamment de caricatures et de scènes de la vie quotidienne) réalisés sur le vif par ce peintre et réunis dans un recueil graphique de 15 volumes intitulé *Hokusai Manga* (le terme de manga pouvant se traduire par « esquisses malhabiles » en japonais).

Inukaï : Personnage du manga *Le Prince des ténèbres* de Ôsuga Megumi. Inukaï est le chef des Grass Hoppers, une organisation paramilitaire d'autodéfense. C'est un adolescent charismatique d'une grande beauté mais également un personnage sombre, autoritaire et machiavélique, prêt à tout pour parvenir à ses fins.

Jour : La semaine japonaise, comme la semaine européenne, est composée de sept jours. Sur les calendriers japonais, elle commence le dimanche et se termine le samedi.

Kagami Kazuya : Personnage principal du manga *Un flic à Tôkyô* de Suzuki Keiichi. Ancien chef d'une bande de loubards, Kazuya est un policier qui ne respecte pas les règles établies et s'attire régulièrement les foudres de ses supérieurs et ce, malgré ses succès.

Kanjis : Avec les hiraganas et les katakanas, les kanjis correspondent à un des trois ensembles de caractères de l'écriture japonaise.

Kaulitz (Bill) : Chanteur et leader du groupe allemand Tokio Hotel. Cette référence est utilisée par Théo pour montrer son degré d'accablement puisqu'elle déteste ce type de groupe, trop commercial à son goût.

Kawaï : Terme japonais signifiant « mignon » ou « adorable ». Dans les mangas, les personnages kawaï ont souvent des yeux démesurés, un petit nez et une bouche minuscule. Pikachu ou Hello Kitty sont typiquement des personnages kawaï. Ce terme est utilisé par Théo dans un sens négatif comme synonyme de « niais » avec une connotation fi-fille et enfantine.

Kogaru : Terme issu des mots « enfant » (« ko ») et « girl » prononcé à la japonaise (on dit également « kogal » ou « gal »). Il désigne des lycéennes très féminines au look spectaculaire. Leurs cheveux sont souvent décolorés, leur peau excessivement bronzée et elles portent des minijupes et tous les accessoires à la dernière mode.

Kokeshis : Poupées représentant des petites filles au corps cylindrique sans bras ni jambes dotées d'une grosse tête.

Kuro Hazama : Nom du personnage surnommé Black Jack dans le manga éponyme. Kuro signifie « noir ».

Kuroe : Personnage principal du manga *Blood Alone*. Kuroe est un écrivain fauché doté de pouvoirs insoupçonnés.

Kyô : Personnage du manga *Fruits Baskets* de Takaya Natsuki. Kyô est un des membres de la famille Sôma. Les treize membres de cette famille souffrent d'une malédiction. Ils sont hantés par l'esprit de l'un des douze animaux du zodiaque chinois dont ils prennent régulièrement l'apparence. Kyô est le seul personnage à se transformer en un animal ne figurant pas dans ce zodiaque, le chat (ce dernier ayant été piégé par le rat selon une légende retracée dans le manga), et en représente le « treizième » signe.

Mangas : Les mangas sont divisés en de nombreuses catégories et sont généralement destinés à une tranche d'âge précise. Ainsi on trouve les **shôjos** mangas destinés aux adolescentes, les **shônens** mangas destinés aux adolescents, les **seinens** mangas pour les jeunes hommes et adultes ou les **seijins** mangas pour les hommes adultes. Il existe également de nombreux sous-genres.

Manga no kamisama : Littéralement le « dieu du manga ». Qualificatif donné par les Japonais au mangaka Tezuka Osamu.

MegaTôkyô : Nouvelle ville bâtie par une multinationale secrète (GENOM) sur les ruines de Tôkyô dans la série *Bubblegum Crisis*.

Miyavi : Chanteur et guitariste japonais de visual kei.

Mois : À l'instar de l'année européenne, l'année japonaise est composée de douze mois.

- ➞ janvier - le mois de l'amitié
- ➞ février - le mois à porter plusieurs vêtements
- ➞ mars - le mois plus de vie
- ➞ avril - le mois du lapin
- ➞ mai - le mois (du repiquage) du riz
- ➞ juin - le mois de l'eau
- ➞ juillet - le mois des lettres
- ➞ août - le mois des feuilles
- ➞ septembre - le long mois (d'automne)
- ➞ octobre - le mois sans dieux
- ➞ novembre - le mois du givre
- ➞ décembre - le mois de la course des prêtres.

Ces noms traditionnels proviennent du calendrier lunaire et sont parfois utilisés dans un style poétique (comme le fait Théo dans ce carnet).

Monster : Surnom du tueur psychopathe du manga éponyme de Urasawa Naoki. *Monster* est un thriller palpitant relatant la cavale et l'enquête du héros, le docteur Tenma, alors qu'il est poursuivi par un policier convaincu de sa culpabilité.

Morino : Personnage du seinen manga *Goth* dessiné par Oiwa Kenji et inspiré du roman *Goth : le coupeur de mains* de Otsuichi. Ce one-shot relate la passion de deux adolescents (Kamiyama Itsuki et Morino Yoru) pour les tueurs en série.

Muneki-neko : Figurine japonaise représentant un chat assis et levant une (ou plusieurs) patte(s) au niveau de l'oreille. Elle est réputée apporter la bonne fortune financière.

Mushas : Poupées représentant des guerriers ou des guerrières.

OAV : Acronyme de *Original Animation Video*, c'est-à-dire vidéo d'animation originale. Le terme est essentiellement employé pour désigner les animes japonais.

One-shot : Terme désignant un ouvrage en un seul volume.

Origami : Art du pliage de papier pouvant aboutir à des conceptions très sophistiquées à partir d'un simple carré.
Au Japon, il s'agit d'une culture à part entière.

Otaku : Mot japonais désignant un individu obsédé par une passion exclusive qui se pratique à l'intérieur (mangas, animes, jeux vidéo…), à laquelle il consacre l'intégralité de ses loisirs voire de sa vie. Contrairement à l'hikikomori, l'otaku entretient des relations sociales. En Occident, la connotation de ce mot est moins négative qu'au Japon et désigne souvent les fans de pop-culture nippone.

Oyabun : Chef d'une famille de yakuzas (littéralement « le père »).

Paradise Kiss : Shôjo manga d'Ai Yazawa.

Rakugo : Monologue dans lequel un artiste (le rakugoka) tient son public en haleine en lui racontant une histoire (ou plusieurs) le plus souvent comique mais parfois effrayante. Le rakugoka incarne tour à tour divers personnages en modifiant sa voix et sa gestuelle.

Red Dead Redemption : Jeu vidéo d'action se déroulant dans une ambiance de western.

RPG : Sigle signifiant ici *Role-Playing Game* soit jeu de rôle sur consoles de jeux vidéo.

Ryûk : Un des principaux personnages du manga *Death Note* de Ohba Tsugumi et Obata Takeshi. Ryûk, un dieu de la Mort (Shinigami), a laissé tomber son Death Note (carnet permettant de tuer quelqu'un en y inscrivant son nom avec son visage à l'esprit) dans le monde des humains pour se distraire. Dès lors, il se voit contraint de rester avec Light Yagami, le jeune lycéen de 17 ans qui l'a ramassé. Ce dernier, en tant que nouveau détenteur du carnet, est le seul à pouvoir voir et entendre Ryûk.

Sakaguchi Hironobu : Concepteur de jeux vidéo surtout célèbre pour avoir créé la série de RPG Final Fantasy.

Saké : Vin de riz japonais. Il en existe de nombreuses sortes. Pour le qualifier plus précisément et ne pas le confondre avec n'importe quelle boisson alcoolisée (à laquelle ce terme renvoie parfois en japonais), les Japonais parlent de nihonshû (« alcool japonais »), reishû (« alcool froid ») ou seishû (« alcool limpide » au sens de pur). Le saké peut se consommer réchauffé, mais ce n'est qu'une option, et certains se dégustent froids (comme le saké au gingembre que sert ici Ishiguro-san).

San : Au Japon, le nom précède le prénom. Ainsi quelqu'un portant le prénom « Takeshi » et le nom de famille « Ishiguro » est appelé « Ishiguro Takeshi » (convention que nous avons retenue ici). Généralement, les Japonais ne s'apostrophent pas par leur prénom (à l'exception des enfants et des intimes) et accolent un titre particulier aux noms de famille. Ce titre dépend de la position sociale, du sexe et de l'âge de la personne à laquelle on s'adresse. Ainsi on ajoute le suffixe :

- san, de façon courante, à la fin du nom de famille pour toutes les personnes avec lesquelles on entretient des relations neutres et polies,
- sama à la fin du nom de famille pour des situations formelles (notamment à l'écrit),
- kun au prénom pour s'adresser à des personnes plus jeunes de sexe masculin,
- chan au prénom pour montrer son affection à l'égard d'intimes ou d'enfants,
- sensei à la fin du nom de famille pour les docteurs, professeurs et toute personne d'une connaissance supérieure (comme un mangaka par exemple).

Sashimi : Plat japonais traditionnel composé de tranches de poisson cru. À ne pas confondre avec le sushi (composé de riz vinaigré et de tranches de poisson cru).

Sayônara : « Au revoir » en japonais.

Seinens : Voir manga.

Shintoïsme (ou shinto) : C'est la plus ancienne religion du Japon. Elle est liée à sa mythologie et est très présente dans la culture japonaise. Littéralement, le mot « shinto » signifie « la voie des dieux ».

Shõji : Porte en papier translucide des habitations japonaises.

Shôjo : Voir manga.

Shônens : Voir manga.

Sukiyaki : Fondue dans laquelle on fait cuire de très fines tranches de bœuf, des légumes crus, des nouilles et du tofu avec une sauce dite warishita composée de shoyu (sauce soja), de mirin (saké très doux) et de sucre. Une fois les aliments cuits, on les trempe dans un œuf cru battu. Miam, miam…

Summer Wars : Anime de Hosoda Hamoru.

Tales of… : Série de jeux vidéo de rôles japonais dont les différents épisodes commencent tous par les mots « Tales of » (Symphonia, Destiny, Vesperia, Graces…) ayant, par la suite, donné naissance à des animes et des mangas.

Tatami : Revêtement traditionnel du sol présent dans de nombreux temples et intérieurs japonais confectionné à partir de paille de riz. Sa taille étant toujours la même (91 cm x 182 cm), il est souvent utilisé comme unité de mesure pour déterminer la surface d'une habitation.

Tezuka Osamu : Le plus célèbre mangaka du Japon. Il est né en 1928 et décédé en 1989. Il a publié plus de sept cents œuvres parmi lesquelles *Bouddha, Le Roi Léo, Ayako, Astroboy, L'Histoire des 3 Adolf, Black Jack*… Il est le premier à avoir introduit les fameux grands yeux souvent associés aux personnages de mangas dans ses dessins (en hommage à Walt Disney). « Pourquoi les étrangers sont-ils restés si longtemps sans lire de mangas ? Parce que dans leur pays ils n'ont pas eu

Tezuka Osamu ! » (explication donnée par le journal *Asahi Shinbun*).

Tôkyô Babylon : Manga des CLAMP. L'histoire relate les enquêtes d'un lycéen, Subaru Sumeragi (un *onmyoji*, maître du Yin et du Yang, qui pratique l'exorcisme), et des deux personnages qui le suivent dans ses aventures (son petit ami et sa sœur jumelle). Ce manga brosse un portrait particulièrement sombre de l'espèce humaine et de la ville de Tôkyô.

Tôkyô Mew Mew : Shôjo manga de Ikumi Mia (illustratrice) et de Yoshida Reiko (scénariste).

Ukiyo-e : Mouvement artistique japonais de l'époque Edo (1603-1868) centré sur la réalisation de peintures populaires et narratives et d'estampes gravées sur bois. Le terme signifie « image du monde flottant ».

Unagimoni : Foies d'anguilles cuits.

L'Undertaker : Personnage de croque-mort du manga *Black Butler* au physique androgyne et angoissant. Il aide parfois les deux personnages principaux dans leurs enquêtes.

Visual kei : Type underground de rock japonais (J-rock). Le terme exact, *vijuaru kei*, signifie « groupement visuel » et renvoie à une esthétique visuelle (mélange de punk, de gothique, de vêtements japonais modernes et traditionnels accompagnés de coiffures extravagantes et colorées).

Yakuza : Membre d'un groupe du crime organisé au Japon. Les yakuzas sont divisés en familles et respectent un code d'honneur particulier, le Ninkyôdô (littéralement la « voie chevaleresque »). Ils font partie intégrante de la société japonaise.

Yukino : Un des deux personnages principaux du manga *Elle et lui* de Tsuda Masami. Miyazawa Yukino est une ravissante et brillante lycéenne adulée par ses camarades de classe. Jusqu'au jour où un nouvel élève, Aima Soichiro, un adolescent tout aussi doué et beau qu'elle, débarque dans son lycée. Dès lors, une compétition teintée d'attirance mutuelle commence entre ces deux personnages. À cette occasion, Yukino va révéler sa vraie personnalité (bien moins lisse qu'en apparence).

LA B.O. DE THÉO

1. *Infra-Red*, Placebo
2. *Echoes*, The Rapture
3. *To Hell With Good Intentions*, McLusky
4. *When I'm Through With You*, The VLA
5. *Mysterious Ways*, U2
6. *Only Ones Who Know*, Arctic Monkeys
7. *Bittersweet Symphony*, The Verve
8. *More news from nowhere*, Nick Cave
9. *I'm Outta Time*, Oasis
10. *Secretly*, Skunk Anansie
11. *Winter Wonderland*, Radiohead
12. *Big Jet Plane*, Angus & Julia Stone
13. *Human*, The Killers
14. *Otherside*, Red Hot Chili Peppers
15. *The Healing Room*, Sinead O'Connor
16. *A Little Death Around the Eyes*, Peter Doherty
17. *Smell Like Teen Spirit*, Nirvana
18. *Mr. Writer*, Stereophonics
19. *Irgendwo auf der Welt*, Nina Hagen
20. *Slither*, Velvet Revolver
21. *Losing My Religion*, R.E.M.
22. *Once Upon a Time*, The Smashing Pumpkins
23. *Time is Running Out*, Muse
24. *Walk Away*, Franz Ferdinand
25. *The End*, Vivian Girls

LE CARNET DE Théo

une trilogie d'Éléonore Cannone

1. DANS MA BULLE

2. CHACUN SON STYLE

TOME 3

à paraître à l'automne 2013

L'AUTEUR

Prénom : Éléonore.
Surnom : Léo.
Âge : trente-neuf ans et des poussières.
Profession : écrivain.
Lieu de vie : Paris et le Limousin.
Adore : le rock, les romans, les séries et les mangas.
Déteste : le céleri, le whisky, les ongles de ses petits doigts de pieds et… les pannes d'électricité.
Passion : inventer des histoires.
Caractère : trempé.
Signe particulier (physique) : est capable de soulever le coin gauche de sa lèvre supérieure à la manière d'Elvis (Presley) ou de Billy (Idol).
Signe particulier (psychologique) : finit par croire aux histoires qu'elle invente.
Souci récent : son chien Ruckus a, une nouvelle fois, confondu sa guitare avec un réverbère. Arghh !!!!